I0224145

Colección
Educación, crítica & debate

Edición: Primera. Marzo de 2015

ISBN: 978-84-15295-76-1

Tirada: 500 ejemplares

Diseño: Gerardo Miño
Composición: Eduardo Rosende

© 2015, Miño y Dávila srl / Miño y Dávila editores sl

Prohibida su reproducción total o parcial, incluyendo fotocopia,
sin la autorización expresa de los editores.
Cualquier forma de reproducción, distribución, comunicación
pública o transformación de esta obra solo puede ser realizada
con la autorización de sus titulares, salvo excepción prevista
por la ley. Diríjase a CEDRO (Centro Español de Derechos
Reprográficos, www.cedro.org) si necesita fotocopiar o
escanear algún fragmento de esta obra.

MIÑO y DÁVILA
♦ E D I T O R E S ♦

dirección postal: Tacuarí 540 (C1071AAL)
Ciudad de Buenos Aires, Argentina
tel-fax: (54 11) 4331-1565
e-mail producción: produccion@minoydavila.com
e-mail administración: info@minoydavila.com
web: www.minoydavila.com
redes sociales: @MyDeditores, www.facebook.com/MinoyDavila

Silvia Coicaud

—editora—

La educación en ciudadanía como construcción de subjetividad política

Jóvenes, escuela y proyectos

Josefa Belcastro

Alejandra Coicaud

Lucrecia Falón

Laura Maza

Elizabeth Saracho

Susana Vidoz

MIÑO y DÁVILA
♦ E D I T O R E S ♦

ÍNDICE

LAS AUTORAS

Dra. Silvia Coicaud. Doctora en Investigación y Estudios Avanzados en Didáctica y Organización Escolar (Universidad de Granada, España). Magister en Educación Superior (Universidad Nacional de la Patagonia San Juan Bosco –UNPSJB–) Especialista en Docencia Universitaria (UNPSJB) Profesora y Licenciada en Ciencias de la Educación. Profesora Asociada Regular de Didáctica General para Ciencias de la Educación y Profesorados, y Profesora Asociada Regular de Tecnología Educativa para Profesorados, Facultad de Humanidades y Ciencia Sociales (FHyCS- UNPSJB). Profesora interina de Didáctica General para el Profesorado en Ciencias de la Educación de la Universidad Nacional de la Patagonia Austral, Unidad Académica Caleta Olivia (UNPA-UACO). Directora de Posgrados a Distancia (UNPSJB).

Prof. y Lic. Lucrecia Falón. Profesora y Licenciada en Ciencias de la Educación. Postítulo en Investigación Educativa (CEA- Universidad Nacional de Córdoba). Maestranda en Didácticas Específicas (orientación en Ciencias sociales) de la UNPSJB. Docente investigadora (FHyCS- UNPSJB). Profesora Adjunta Regular de Didáctica General para las carreras de Ciencias de la Educación y Profesorados Profesora Adjunta Regular Teorías del Conocimiento y Epistemología, para las carreras de Ciencias de la Educación y de Turismo (FHyCS –UNPSJB). Profesora del Seminario de Investigación Educativa y de Didáctica General en el Instituto Superior de Formación Docente N° 802.

Mg. Susana Vidoz. Licenciada en Ciencia Política (Universidad de Buenos Aires –UBA-) Doctoranda en iencia Política de la Escuela de Política y Gobierno, Universidad Nacional de San Martín. Magister en Políticas Sociales (UBA) Docente investigadora (FHyCS- UNPSJB). Profesora Adjunta de Teoría Política y Social I en la carrera de

Ciencia Política, Profesora Adjunta de Gestión Política y Social en la carrera de Gestión Ambiental.

Prof. y Lic. Josefa Belcastro. Profesora y Licenciada en Ciencias de la Educación (UNPSJB). Especialista en Psicopedagogía. Maestranda en Maestría en Didácticas específicas, Orientación Lengua y Literatura (FHyCS – UNPSJB). Jefa de Trabajos Prácticos en la Cátedra de Didáctica General del Profesorado y Licenciatura en Ciencias de la Educación y Profesorados (FHCS – UNPSJB). Docente de Didáctica General, Psicología Educacional y Didáctica de la Lengua y Literatura 1er ciclo en la formación docente para la Educación Primaria en el Instituto Superior de Formación María Auxiliadora.

Mg. Alejandra Coicaud. Profesora en Historia (UNPSJB). Magíster Scientiae en Metodología de la Investigación Científica, Universidad Nacional del Rosario. Estudiante del Doctorado Interuniversitario en Historia de América Latina y Argentina. Sede Universidad Nacional del Centro de la Provincia de Buenos Aires. Profesora Asociada Regular de Tesis de Grado, de la Licenciatura en Turismo. Profesora Adjunta Regular en Métodos y Técnicas de Investigación I, para el Profesorado y la Licenciatura en Historia. Jefa de Trabajos Prácticos interino en Historia del Pensamiento Económico, en la Licenciatura en Ciencias Políticas. Prof. Adjunta interina de Metodología de la Investigación Social, para la Tecnicatura y Licenciatura en Turismo (FHyCS – UNPSJB).

Prof. y Lic. María Laura Maza. Profesora y Licenciada en Ciencias de la Educación (UNPSJB). Auxiliar docente en la cátedra de Didáctica General (FHyCS–UNPSJB). Profesora de Orientación y Tutoría en Escuela Secundaria. Profesora de Práctica Profesional IV en la carrera de Profesorado de Educación Primaria en el Instituto Superior de Formación Docente Nº 807.

Elizabeth Saracho. Alumna del Profesorado y Licenciatura en Ciencias de la Educación (UNPSJB). Tesis de grado en elaboración. Profesora de Formación Ética y Ciudadana, Introducción al Conocimiento Científico, Filosofía y Psicología en colegio secundario de la ciudad de Caleta Olivia. Orientadora en el Programa Jóvenes con Más y Mejor Trabajo, Asistencia Técnica y Elaboración de Proyectos en la Oficina de Empleo Municipal de la ciudad de Caleta Olivia, en convenio con el Ministerio de Trabajo, Empleo y Seguridad Social.

INTRODUCCIÓN

El presente libro recupera aportes del trabajo de investigación: "*Proyectos Innovadores para la Enseñanza de la Ciudadanía Democrática en Escuelas Secundarias de Comodoro Rivadavia*", desarrollado por un equipo multidisciplinario conformado por pedagogos, politólogos e historiadores, todos ellos docentes investigadores de la Facultad de Humanidades y Ciencias Sociales de la Universidad Nacional de la Patagonia San Juan Bosco.

Las construcciones teóricas, los enfoques y conocimientos previos acerca del objeto de estudio fueron modificándose en la propia dinámica de las discusiones del equipo de investigación, a partir de la profundización de las lecturas que se consideraban pertinentes y de los datos empíricos que se obtenían desde el trabajo de campo realizado.

En su planteo inicial el equipo de investigadores se propuso indagar acerca de las buenas prácticas de enseñanza de contenidos relacionados con la ciudadanía democrática, en escuelas secundarias de diferentes características de la ciudad de Comodoro Rivadavia. Se intentó analizar diferentes proyectos educativos de carácter innovador, en instituciones educativas que recuperaran estrategias didácticas relevantes para el aprendizaje de los complejos procesos propios de la ciudadanía en los contextos actuales.

Finalmente, se optó por abordar tres programas de educación para jóvenes. Dos de ellos se desarrollan en el ámbito no formal: los "Centros de Actividades Juveniles" (CAJ) radicados en distintas escuelas secundarias de la ciudad, en el marco del Programa Nacional de Extensión Educativa "Abrir la Escuela" –PROMEDU II– de la Dirección Nacional de

Políticas Socioeducativas del Ministerio de Educación de la Nación; y el "Programa Concejales por un día", del Programa de Extensión Legislativa del Concejo Deliberante de la Municipalidad de Comodoro Rivadavia.

El otro proyecto pertenece al ámbito formal, en el "Colegio Universitario Patagónico" (CUP) –colegio pre-universitario de la Universidad Nacional de la Patagonia San Juan Bosco–, a través de su "Proyecto de Pasantías de aprendizaje-servicio" para la intervención comunitaria. El equipo docente y directivo del colegio abordó este proyecto en el año 2007, cuando surgió la necesidad de reformular sus "Pasantías convencionales no rentadas". El CUP fue el primer colegio pre-universitario del país en abordar una propuesta de innovación educativa de este tipo. Posteriormente, el "Proyecto de Pasantías de aprendizaje-servicio" y las experiencias implementadas por este colegio, fueron tomados como referentes por los equipos técnicos nacionales para la elaboración del "Programa Nacional de Educación Solidaria", a partir del cual se establecieron lineamientos y se elaboraron documentos orientadores.

Durante las tareas de elaboración del marco referencial del trabajo de investigación abordado fue necesario profundizar sobre concepciones teóricas acerca de la ciudadanía, con el aporte fundamental del campo de la teoría política y de la historia –entre otras disciplinas– considerando que el análisis de la dimensión innovadora de las prácticas de la enseñanza no puede realizarse sólo desde una perspectiva metodológica de la enseñanza si no se apela también a una estrecha vinculación con concepciones políticas acerca de la ciudadanía.

Este proceso significó la revisión de supuestos acerca de la educación, la enseñanza y su papel en la formación de la ciudadanía desde los enfoques y modelos de la sociedad democrática.

La opción teórica ha implicado también consecuencias metodológicas y analíticas en el trabajo de campo del proyecto de investigación. En el planteo inicial, las experiencias innovadoras de enseñanza de la ciudadanía se vinculaban con la promoción de la emancipación. Pero luego, desde el debate, nos replanteamos que, si se otorga ingenuamente preponderancia a la práctica deliberativa y al acuerdo racional sobre las relaciones de poder y el conflicto, se desconoce cómo, en ciertas ocasiones, dichas tensiones dificultan la concreción del consenso y la deliberación.

En este sentido, los aportes de las teorías posestructuralistas para una democracia radical son relevantes para redefinir nuestra concepción de ciudadanía y de democracia. Partiendo de la idea de la falta de realización de los ideales propugnados por la democracia liberal, e intentando superar la simple denuncia de su carácter engañoso, las teorías posestructuralistas proponen la radicalización de una democracia plural, que permita la búsqueda de los ideales de libertad e igualdad.

Aceptar la diferencia entre los niveles óntico y ontológico, permite proponer que la ciudadanía plena se funda en el reconocimiento de una pluralidad indeterminada e indeterminable *a priori* de alternativas de acción. En esta perspectiva, la ciudadanía se concibe como la articulación[1] de posiciones de sujeto, construida discursivamente de manera precaria y temporal, articulación que sutura contingentemente las intersecciones entre dichas posiciones. Desde este posicionamiento, la concepción de ciudadanía propuesta se aleja de la clásica concepción histórico-evolutiva –como así también de las perspectivas reduccionistas de la política que la confinan a un Estado separado de la esfera social y/o económica, por la cual se le asigna al sujeto un papel pasivo, que debe respetar y responder de manera acrítica a un orden preestablecido–. Contrariamente, la ciudadanía debe poder adentrarse en lo social, vinculando la autonomía personal con la actividad política, para lograr el desarrollo de las capacidades y la libertad personal.

En Argentina existe una fuerte tradición en la formación de la ciudadanía desde una perspectiva tendiente a la conservación del orden y el disciplinamiento. Transcurridas ya varias décadas del regreso institucional a la democracia, hay aún en nuestras sociedades muestras evidentes de escasa formación ciudadana, por el poco conocimiento y defensa de los derechos, por la precaria participación en procesos sociales y políticos, y por el reducido sector que accede a las posibilidades de formarse en un pensamiento crítico. Rancière (2007) analiza e interpela la posibilidad del enseñar y del aprender, vinculándolos a partir del siguiente argumento: la política y la educación tienen en común el hecho de constituir dos aspectos de la vida humana, los cuales poseen la potencialidad de dislocar la vida comunitaria aportando una dimensión igualitaria a la misma.

Las diversas entrevistas realizadas a docentes, supervisores, coordinadores y alumnos de distintas instituciones permiten efectuar valiosas interpretaciones acerca de los procesos que configuran prácticas innovadoras para la enseñanza de la ciudadanía, desde diferentes proyectos educativos que promueven cambios respecto a una enseñanza esencialista que no

---

1. Por articulación se entiende "toda práctica que establece una relación tal entre elementos, que la identidad de éstos resulta modificada como resultado de esa práctica" (Laclau y Mouffe, 2004, p. 143).

cuestiona el lugar del poder, ni aborda conflictos o antagonismos, permaneciendo implícito el reconocimiento de pertenencia a una inmanencia social altamente institucionalizada.

Estos cambios en las escuelas resultan factibles en tanto las estructuras educativas pueden ser descentradas, contingentes y abiertas, formando parte en ciertas situaciones de una trama particular de relaciones socio-educativas que posibilitan múltiples e indeterminadas articulaciones.

Desde esta perspectiva, se plantearon, entre otros, los siguientes interrogantes:

¿De qué manera los proyectos de enseñanza de la ciudadanía pueden constituirse en experiencias innovadoras de dislocación de cadenas políticas diferenciales? ¿Qué concepciones de ciudadanía se ponen en juego?

¿Qué discursos e interpelaciones de procesos de identificación ofrecen las prácticas docentes de proyectos innovadores a los jóvenes para la constitución de identidades ciudadanas?

¿De qué modo intervienen las prácticas docentes para hacer visible o crear una frontera interna a lo social?

¿Cómo se interviene desde estas prácticas en la construcción de la universalidad y la particularidad en los espacios educativos?

¿Qué posicionamientos y prácticas asumen los docentes que afrontan estas innovaciones?

¿Qué valoración le otorgan las instituciones educativas a los proyectos?

¿Qué lugar y qué relaciones tienen las experiencias innovadoras en el curriculum?

¿Cómo vivencian los jóvenes estas experiencias en su formación?

¿Cómo contribuye o podría contribuir la educación en la formación de subjetividades para una ciudadanía basada en la criticidad, la creatividad y el compromiso?

¿De qué manera las prácticas docentes pueden favorecer situaciones de aprendizaje que incidan en la producción de significantes vacíos articulatorios del sujeto popular, en una democracia plural y radical?

En la investigación realizada se seleccionó una metodología de tipo cualitativo, considerando los hechos analizados dentro de su contexto social, pues se entiende que sólo desde allí pueden ser interpretados. A través de un proceso interactivo y espiralado, en el trabajo de campo se recuperó la "voz" de aquellos sujetos implicados en procesos innovadores de enseñanza y aprendizaje de la ciudadanía. Han sido los propios actores protagonistas de estos procesos los que han explicitado los modos de construcción, los logros y dificultades, otorgando una significación idiosincrática a sus actuaciones. La dilucidación, comprensión y valoración de las prácticas docentes y de las experiencias de aprendizaje narradas, las expresiones y los comentarios compartidos fueron la principal intencionalidad del trabajo efectuado. Se pretende con el relato de las valiosas propuestas pedagógicas de educación en ciudadanía recabadas, ayudar a mejorar la práctica existente en las instituciones.

La posibilidad de documentar estos procesos implicó acceder a la mirada de las escuelas y de los CAJ y sus agentes sociales, los cuales frente a la interpelación de discursos en torno a este contenido –la ciudadanía– lo reconstruyen y materializan en sus prácticas docentes. Se ha abordado la innovación educativa no como un producto de pretendidas reformas educativas, sino como un proceso generado a partir de la acción práctica y política de los propios sujetos en los contextos escolares, en vinculación con condicionamientos centrales.

En este sentido, ha sido pertinente referirnos a la enseñanza innovadora de la ciudadanía como un campo complejo y multirreferenciado, ya que intervienen diversas estructuras y acciones emergentes en un interjuego permanente de micropolíticas educativas, cuyas relaciones y mutuas interferencias influyen en su desarrollo y en la posibilidad de su sustentabilidad, como propuestas que pueden contribuir a la mejora de las prácticas educativas.

CAPITULO 1

Aportes para pensar la ciudadanía

Susana Vidoz y Alejandra Coicaud

Democracia y educación

Una forma muy corriente y extendida de entender la democracia pone el acento en las estructuras organizadas de participación e inclusión para las cuales el ciudadano debe adquirir competencias, actitudes y comportamientos particulares. Esta forma de entender la democracia tiene implicaciones políticas y pedagógicas que desde estas páginas aspiramos a cuestionar.

La democracia definida específicamente desde una dimensión institucional y gubernamental (propia de las perspectivas consensuales y pluralistas) cierra la posibilidad de pensar nuevas formas de subjetivación. En este sentido, las reflexiones de pensadores como Foucault y Rancière permiten advertir los procesos de subjetivación gubernamental y deconstruirlos a partir de prácticas que apunten a la subjetivación política.

La democracia así entendida postula que las opiniones de todos los individuos y grupos sociales son importantes, dado que todas cuentan en el proceso de agregación de intereses y preferencias plasmado en las distintas políticas e intervenciones estatales. Sin embargo, hacerse inteligibles en términos dc opiniones y preferencias, implica un particular proceso de subjetivación en el cual el individuo adquiere un singular conocimiento de sí mismo que lo transforma en sujeto.

Así es como los sujetos pueden comprenderse a sí mismos, conformar sus intereses personales, sus opiniones, y participar de la intersubjetividad; dando forma a un modo particular de autogobierno, a la vez que se tornan gobernables.

Esta forma de democracia, de corte liberal, es compatible con una forma de orden que Rancière (2007) reconoció como "policía". Un orden de administración de los lugares y los cuerpos que se presenta a sí mismo como una actualización de lo que es común de la comunidad, y que transforma las normas de administración en normas naturales del orden social.

Desde otra postura observamos los límites de este proceso, oponiendo el concepto de "subjetivación política" como práctica propia del campo democrático y, en este sentido, emancipadora. Pero no se trata de una emancipación a la que se llega como destino final, como meta a perseguir, sino más bien se trata de una intervención que confirma la propia igualdad.

Frente al propósito de una democracia radical, Mouffe (2004) plantea la necesidad de construir una identidad política común que trascienda la noción de clase de la cultura occidental, construyéndose su raíz en el carácter antagónico que posibilita la identificación de un contendiente.

Mientras la sociedad del consenso despolitiza las formas y contenidos de los espacios de interacción, la subjetivación política propende a rupturas, habilitando experiencias de potencialidad y de cambio. En este sentido, Rancière observa que la política está paradójicamente implicada en la verificación del principio de igualdad, por lo que política e igualdad están en una irresoluble tensión. La igualdad es por definición un principio que cuestiona la política y a la vez, la recrea. La política se nos presenta como la posible verificación de la igualdad de cualquiera con cualquiera, siendo éste el verdadero escándalo que inaugura la democracia. Así entendida, la democracia es más que un tipo de régimen, es la institución misma de lo político. El disenso no es un conflicto de intereses pasible de gestionar mediante una acción comunicativa racional, es una división puesta en el sentido común.

El momento democrático implica un proceso de subjetivación política que interrumpe la subjetivación gubernamental. Cualquier intervención en lo que es visible y decidible supone un concepto de igualdad. La propia igualdad se verifica, desde un ser que puede hablar e intervenir. La igualdad es un punto de partida, una presunción a partir de la cual se da la acción. Mientras que para el orden gubernamental, la igualdad es el objetivo final.

Cada orden policial se organiza en estructuras sociales desiguales, basadas en jerarquías y distribución desigual de sujetos, cualificaciones, funciones y lugares. Sin embargo, esta desigualdad social supone una igualdad intelectual, cuya verificación instituye la política.

Cuando la igualdad se vuelve un objetivo gubernamental, el punto de partida es lo opuesto, es decir, la desigualdad. Por consiguiente, el orden policial desarrolla medidas para lograr la igualdad, basadas en la desigualdad (que viene de la observación de la distribución desigual de títulos y competencias) en un tratamiento desigual.

Así, las políticas de promoción de la igualdad parten de la confirmación de una división social en el demos y en el objetivo de reducir la brecha que genera la desigualdad para lograr una sociedad unificada, pero lo que verdaderamente hacen es neutralizar la democracia y despolitizar el disenso.

La democracia es el poder de los que no tienen ningún poder, de los que no tienen ninguna cualificación en un particular orden social o gubernamental. Cuando intervienen esas personas se instala el disenso. Por eso la vida democrática resulta difícil de domesticar, puede generar odio y temor.

El momento democrático es el momento en que la pregunta ¿por qué estos límites? irrumpe el régimen gubernamental y lo desplaza hacia nuevos límites.

La escuela, propia de la sociedad del consenso, neutraliza los conflictos explicándolos, por ejemplo, en términos de diferencia, de preferencias o de necesidades. En la escuela, los estudiantes aprenden a entender quiénes son y así instalan otra desigualdad: la del maestro explicador y el estudiante ignorante que necesita de la explicación para entender. Esta lógica sirve de justificación de las diferencias aceptadas en el orden social.

De esta manera, el orden social resulta compatible a la lógica escolar donde se reconocen diferencias de inteligencia y de esfuerzo. En este sentido es que la escuela asiste a neutralizar el conflicto y con ello todas las tentativas de demandar igualdad sobre la base de ser igualmente inteligentes.

La subjetivación política en el ámbito educativo desafía los modelos pedagógicos que sostienen que los procesos de enseñanza y aprendizaje consisten en dar explicaciones, fijando el lugar del saber y de la ignorancia en una relación de autoridad-dominio. Desde esta postura, cuestionar estos lugares permite que los sujetos ejerciten, en un sentido foucaultiano, una ontología de crítica de sí mismos por la cual se alcanza una actitud, un modo de actuar, el cuidado de sí, que se ejerce sobre uno mismo implicando a su vez al otro.

La subjetivación política en el ámbito educativo implica salirse de la explicación que ordena para pasar a la implicación de los sujetos, del pedido de obediencia al reconocimiento del otro, del control a la confianza instituyente. Asumiendo la igualdad de las inteligencias, se puede proponer una pedagogía cuyo ejercicio sea una fuente de inspiración de las voluntades de aprender y cambiar.

Ciudadanía, debates y perspectivas

Tal como lo refleja la historia de la teoría y la filosofía política, desde la antigüedad clásica a la actualidad, la cuestión de la ciudadanía ha sido uno de los temas centrales en la institución del orden político y social. Íntimamente vinculada a las formas del gobierno democrático, a la relación entre los individuos y el poder, por una parte, y entre los intereses particulares y las necesidades colectivas, por otra, la ciudadanía expresa la constitución de la comunidad a partir de la identificación del otro, de una alteridad.

En este sentido, el estudio de la ciudadanía remite a comprender la dinámica de la integración social, es decir, reconocer formas de exclusión (de otros, de jerarquías entre alteridades, etc.) dentro de espacios considerados –teóricamente– como homogéneos.

En el transcurso del siglo XX, las concepciones y debates en torno a la ciudadanía estuvieron influenciados por el pensamiento liberal, republicano y socialdemócrata.

Para el liberalismo, la ciudadanía está vinculada a los derechos civiles (de primera generación) en tanto libertades propias del Estado de derecho (libertad de opinión, expresión y asociación) y permiten proteger la autonomía individual frente a la coacción que pudieran ejercer diversas agencias del poder público; mientras los derechos políticos (de segunda generación) se refieren al derecho de emitir el voto, de ser representado en el sistema político o participar directamente de él.

Para el pensamiento republicano, la ciudadanía se asocia a mecanismos y sentimientos de pertenencia del individuo a una comunidad o a una nación y a la participación de los sujetos en la "cosa pública", en la definición de proyectos de sociedad.

Finalmente, para la corriente socialdemócrata, la ciudadanía se vincula con los derechos sociales, económicos y culturales (de tercera generación), que incluyen el derecho al trabajo, a la salud, a la educación, al ingreso digno, a la vivienda adecuada y a la identidad cultural.

Desde estas perspectivas, la ciudadanía vista tanto desde lo estatal como desde lo societal, ha tenido una relación no siempre coincidente con la comunidad delimitada territorialmente. En este sentido, todo orden social se basa en las relaciones asimétricas de diferencias inconmensurables entre sí, cuya disposición representa una forma de universalidad.

A partir de estas improntas, cabe reconocer que la ciudadanía expresa una tensión irreductible entre los ideales individualistas promovidos por el desarrollo capitalista, y los valores igualitaristas promovidos por el avance del sistema democrático. La ciudadanía, entre igualdad y libertad como principios auto-limitantes, resulta un espacio donde coexisten de manera conflictiva el principio de igualdad con las desigualdades sociales resultantes de las fuerzas del mercado, y de las distintas formas de estratificación y jerarquización social operantes.

Así planteada, la ciudadanía se presenta como un ámbito relacional en el cual se afirma la comunidad como una totalidad, que resulta cuestionada por una estructura de clases que reproduce desigualmente el orden. Y, como ámbito relacional, la ciudadanía alude a "una práctica conflictiva vinculada al poder, que refleja las luchas acerca de quiénes podrán decidir sobre qué, al definir cuáles serán los problemas comunes y cómo serán abordados" (Jelin, 1993, p. 25).

Pasada ya la primera década del nuevo siglo, la ciudadanía parece ser replanteada en nuevos espacios y con nuevas dimensiones, sin que por ello sus fundamentos históricos hayan perdido actualidad.

En América latina, la profundización de los conocidos procesos de informacionalización y globalización de la economía y de la sociedad, de los intercambios de recursos informacionales y poblaciones a través de procesos migratorios, la transterritorialidad y el reforzamiento de las identidades culturales como principio básico de organización social, seguridad personal y movilización política, representan nuevos desafíos para el orden político, dado que el patrón productivo exacerbó los procesos de exclusión, la pérdida de cohesión y las desigualdades sociales (Castells, 1997).

Particularmente en Argentina, los procesos de transición democrática en la década del ochenta y de reestructuración socioeconómica (principalmente en la década del noventa) han desatado profundas transformaciones sociales, políticas y culturales cuyos efectos aún siguen manifestándose, no ya como problemas emergentes, inmediatos, sino principalmente como situaciones problemáticas instaladas, que evidencian mecanismos multicausales donde se implican de manera compleja diversas dimensiones.

Todas estas transformaciones confluyen en un nuevo escenario para la ciudadanía, generando nuevos espacios y resignificando los existentes.

Los intensos flujos de circulación de información y diversos recursos, como uno de los principales impactos de la globalización, posibilitan repensar y proponer nuevas formas y prácticas de la ciudadanía. En este sentido, es que tanto teórica como empíricamente, la ciudadanía está en permanente innovación.

En ciudadanía, las dimensiones formal –relativa a la adscripción a una nacionalidad– y sustancial –relativa al reconocimiento de derechos y a la capacidad efectiva de ejercerlos, participando en las esferas pública y privada–, no mantienen una relación de necesariedad ni de suficiencia, sino que desacopladas configuran escenarios complejos, caracterizados por una polifonía y una polisemia que desafía al análisis científico a cruzar fronteras, y a la gestión política e institucional a replantear los propios fundamentos teóricos y los valores que los inspiraron.

El status de ciudadanía permitió legitimar, hacer más aceptables las desigualdades sociales; pero por otro lado también las asedia, aguardando desde fuerzas latentes volver a empujar el corrimiento de los límites del orden institucional. En este sentido, se observa tanto en el continente como en las distintas realidades regionales o locales, la existencia de crecientes exigencias de igualdad y de individuación en la sociabilidad cotidiana, como así también en las expectativas sociales. A esto se suma la erosión de los mecanismos tradicionales de agregación social.

Estos contextos están auspiciando formas ciudadanas configuradas a partir del descentramiento y la autoafirmación diferenciante de sujetos cuyas prácticas no convergen hacia un objetivo, sino más bien se diseminan en una pluralidad de campos de acción, de espacios de negociación, de conflicto, de territorios e interlocutores.

El ciudadano además de ser depositario de derechos promovidos por el Estado, se presenta como un sujeto que busca participar de nuevas esferas de promoción de la diferencia y la diversidad social, ampliando el sentido de pertenencia desde el ámbito del Estado–nación hacia una gran dispersión de campos de producción de sentidos y de interacciones entre sujetos. Así, la impronta republicana resurge en una gran variedad de prácticas de asociación o comunicación, en una trama social que no necesariamente confluye en la esfera de lo público estatal.

La tensión irreductible que atraviesa la ciudadanía da cuenta asimismo de la contingencia constitutiva de sus fundamentos, y con ello también de la diferencia ontológica. Esto implica reconocer una dimensión óntica –entendida como el conjunto de instituciones y prácticas que crean y organizan un determinado orden– y una dimensión ontológica –entendida como el modo en que se instituye la sociedad– (Mouffe, 2004). Estando ambas fuertemente implicadas, la ciudadanía se concretiza en una diversidad de instituciones, instancias, contextos y situaciones en los cuales se suceden intercambios, se cuestionan y/o consolidan relaciones de poder y jerarquías.

Se redefine de este modo la idea de ciudadanía, en relación con los nuevos movimientos sociales reconociendo los intereses y luchas en torno a las problemáticas ecológicas, gays, étnicas, de género, etc. en la que los sujetos son ciudadanos activos y se conciben como participantes de un compromiso colectivo. En este sentido, Laclau (2004) señala una incomensurabilidad entre lo ético y lo normativo, que en su relación inestable constituyen un universal, un determinado orden.

En esta perspectiva la ciudadanía se concibe como la articulación de posiciones de sujeto, construida discursivamente de manera precaria y temporal, articulación que sutura contingentemente las intersecciones entre dichas posiciones. La concepción del sujeto en falta, precisamente en falta de esencia –recuperada de la teoría lacaniana– supone la no fijación de las identidades, sino que las mismas se constituyen provisoriamente a través de actos de identificación. Žižek (2004) siguiendo a Lacan afirma que el proceso de identificación es "disparado" por la necesidad de llenar la falta estructural, refiriéndose al deseo del sujeto (inalcanzable) de regresar al momento de completa integración con el otro (la imagen de la madre). Para que el sujeto adhiera a la interpelación es necesario que presente algún rasgo que se considera que puede llenar la falta.

Este reconocimiento abre nuevos caminos de reflexión en tanto invita a pensar de modo político el ejercicio de la ciudadanía, es decir, reconociendo a priori que la tensión entre la homogeneidad y la heterogeneidad se va resolviendo de forma contingente y situada en diversos contextos, situaciones e instancias.

De esta manera, cabe reconocer que no hay una sola visión de ciudadanía, sino que coexisten varias en competencia. La ciudadanía se nos presenta como una identidad política más entre otras tantas, dependiendo del contexto y la sociedad en cuestión. La ciudadanía, postulada como identidad ciudadana, representa un principio articulador de la pluralidad de demandas presentes en la sociedad contemporánea. Implica tratar a todos como libres e iguales, denunciando las múltiples relaciones sociales de dominación y desafiándolas. En este sentido cabe cuestionar, por un lado, la idea de que constituye un bien común para todos, en tanto oculta relaciones de dominio que homogeneizaron y subalternizaron diversos grupos sociales, y por otro lado, los derechos individuales que desconocen el compromiso comunitario (Barros, 2010).

Al aceptar el status ontológico de la diferencia política, estamos planteando que la ciudadanía se fundamenta en el reconocimiento de una pluralidad indeterminada e indeterminable a priori de alternativas de acción.

Así postulada, la ciudadanía está implicada en la actividad/acción del yo actuando en distintos lugares y ámbitos, trascendiendo la esfera pública estatal. El ciudadano pleno está politizado de múltiples maneras: como miembro de una nación, de un municipio, como vecino, miembro de asociaciones, miembro de una comunidad educativa, de organizaciones económicas, profesionales, culturales, étnicas, de contextos laborales y de otros mundos. Desde esta concepción, la ciudadanía es un abordar y proyectar el mundo. Para ello sus acciones tienen que ir más allá del ámbito público formal y extenderse en el imaginario social. La ciudadanía implica ese entendimiento ampliado que se adquiere al comprender que todos compartimos la suerte del mundo. "Ser ciudadano pleno significa participar tanto en la dirección de la propia vida como en la definición de algunos de los parámetros generales; significa tener conciencia de que se actúa en y para un mundo compartido con otros y que nuestras respectivas identidades individuales se relacionan y se crean mutuamente" (Clarke, 1999, p. 8).

En este sentido, la escuela constituye un espacio privilegiado para la apertura y promoción de esta forma de ciudadanía, abandonando una concepción fija y unívoca del individuo humano y avanzando hacia la búsqueda de un espacio narrativo plural y fluido, donde pueda postularse un discurso contextual que desafíe los conocidos límites disciplinarios.

Postulada en estos términos, el desarrollo de la ciudadanía entiende a las escuelas como esferas públicas, espacios plurales de reconocimiento de las capacidades individuales y colectivas, comprometidas en producir nuevas formas de comunidad democrática.

Las prácticas pedagógicas deberían poder reconocer las fuerzas en conflicto y las tendencias divergentes, y así recuperar la política para ayudar a cambiar las condiciones de producción de conocimiento en el contexto predominante de expansión de nuevas tecnologías y medios masivos de comunicación, como fuertes agentes socializadores entre prácticas culturales globales y espacios públicos locales.

De este modo, una pedagogía promotora de la ciudadanía debe poder hacer evidentes las formas en que el poder es producido y extendido a través de las prácticas culturales que motorizan y legitiman diversas formas de subordinación. Los valores se generan histórica y relacionalmente. Las identidades tienen un carácter contingente y son construidas entre múltiples relaciones sociales y discursos, es decir, no son esencias de contenidos estables.

La práctica pedagógica debe poder reconocer y promocionar visiones múltiples, posibilidades y diferencias para interpretar el futuro en su dimensión de contingencia, problematizando nociones claves tales como progreso, agencia y representación. Debe poder recuperar la idea de emancipación en un sentido amplio, no determinado, sino socialmente constituido desde múltiples espacios e imaginarios.

En estos términos, la democracia resulta como un fin último postulado en sus diversas dimensiones, como una tarea inacabada e inacabable en sí misma.

Ciudadanía y agencia humana

La ciudadanía cobra sentido en el devenir de los sujetos que pertenecen a una clase social –pero que no es homogénea– y se reconoce como tal a través de las posibilidades del hacer. No necesariamente el Estado es el único constructor de la ciudadanía. El concepto de agencia relativiza el peso del Estado en su proceso constitutivo y "otorga a la ciudadanía" el ejercicio de la misma; vale decir, en el transcurrir en diversas instituciones y lugares. Son los derechos, las libertades y la capacidad de obrar los que definen al ciudadano como un agente "dotado de razón práctica y discernimiento moral, que hace uso de su capacidad intelectual y motivacional para tomar decisiones que son en principio razonables en función de su situación y metas de las cuales, salvo prueba concluyente en contrario, se considera que es el/la mejor jueza". Como sujeto jurídico portador de derechos subjetivos, el agente puede, de acuerdo a criterios definidos legalmente, reclamarlos ante otros agentes y ante el Estado, incluyendo el acceso a tribunales para intentar accionarlos. Este derecho a tener derechos, a tener una personalidad jurídica, debe ser considerado constitutivo de la democracia (O'Donnell, 2010, pp. 50-51).

Los sujetos a través de su participación social, de sus acciones y de su praxis en contextos contingentes y específicos de la vida social se inscriben al mundo de la vida; pues en el momento en que llegan a la adultez se incorporan a la ciudadanía política como seres socialmente constituidos, portadores de derechos y obligaciones que se van imprimiendo en sus vidas desde que nacen. Así, los individuos realizan actividades con intenciones, y pueden dar cuenta de su proceder y de los sucesos; pero al mismo tiempo los sujetos tienen capacidad de intervenir en dichos sucesos, de cambiarlos, de transformarlos o bien hacer que continúen.

La capacidad de obrar de los sujetos no está cerrada ni acotada por reglas prescriptas, sino que esta capacidad de actuar modifica justamente las reglas vigentes a través de intersticios posibles. Los sujetos ingresan a la ciudadanía con un bagaje conformado por múltiples vínculos sociales, desde los cuales se elaboran culturas, se construyen identidades y afiliaciones colectivas, se profesan religiones, tradiciones, todo lo cual resulta altamente significativo para cada sujeto.

El concepto de agencia pone en tensión la idea de un Estado omnipresente capaz de controlar casi todo, y de una sociedad civil con escasa autonomía y sin capacidad de obrar. Precisamente, la agencia reconoce al sujeto con intenciones, es decir, como "agente intencional cuyas actividades obedecen a razones" (Giddens, 2005, p. 46). Los ciudadanos tienen capacidad de hacer cosas, de participar, de compartir espacios comunes donde se discuten, disputan e interactúan discursivamente, y se relacionan entre sí.

Historia, juventud y ciudadanía

La ciudadanía ha constituido un concepto de interés en la educación ciudadana, permitiendo reflexionar acerca de las problemáticas políticas para analizar dónde "anida" la democracia. En este sentido, este concepto cobra relevancia en tanto es el resultado de un conjunto de relaciones y acciones que originan una trama material, cultural y política que posibilita comprender las formas de uso del poder institucionalizado y no institucionalizado en su propio devenir histórico, pues "el espectáculo al que asistimos todos los días hace más fácilmente inteligibles fenómenos tan peculiares como las ligas de gobernadores o los gobiernos de familia. Pero esto sólo confirma que el presente sigue cumpliendo la función de iluminar el pasado" (Halperín Donghi, 2004, p. 10).

El concepto de ciudadanía es, por lo tanto, multidimensional y complejo, dado que alude a procesos históricos, a la identidad nacional, a las pertenencias institucionales, a los movimientos sociales, y a la participación política y civil, entre otras muchas dimensiones.

La ciudadanía como idea se revela en la conciencia política de los individuos y en las relaciones de poder propias de cada contexto histórico. En los últimos años se han producido procesos de interpelación a la historiografía tradicional, la cual analizaba la formación de la ciudadanía en base a hechos jurídicos, utilizando criterios de periodización que sólo tenían en cuenta los cambios institucionales. Estos análisis eran desarrollados mayoritariamente a través de claves historiográficas de explicación tradicional. Es decir, se ha escrito bastante acerca de la ciudadanía desde una mirada jurídica e institucional –con un rol protagónico por parte del Estado– o bien desde el punto de vista de los sujetos que participaban en los espacios públicos. No obstante, en la actualidad se discuten también otras cuestiones que no son abordadas sólo desde "arriba" –el Estado– o desde "abajo" –los pobres–, sino desde la historia misma de los individuos, de la sociedad, de la totalidad, porque resulta sumamente enriquecedor estudiar las interacciones que en este sentido se producen entre los sujetos y el Estado y entre los diversos grupos sociales, como así también la constitución de redes sociales.

Las problemáticas de la juventud y la ciudadanía constituyen temáticas particulares de la Historia. El análisis de la juventud en la edad presente tiene como una de sus fuentes bibliográficas: *Historia de los jóvenes II. La edad contemporánea*, de Levi y Schmitt (1996). Este concepto recorre distintos momentos en la historia. En el Renacimiento, por ejemplo, se inventa el amor, y también los usos políticos de la juventud propugnados por el fascismo, mientras que en la actualidad el territorio de la juventud se ha ampliado en diversas experiencias y situaciones. Como se analiza en dicho texto, el culto a la juventud no siempre existió. También se ha comenzado a discutir la juventud como un concepto homogeneizante, que indudablemente constituye una construcción histórica y por lo tanto política y socialmente conformada, y económicamente condicionada.

En suma, las representaciones de la juventud se construyen y reconstruyen continuamente, nunca se acaban. Es un concepto "inestable". Como lo plantean Levi y Schmitt (1996),

> "La juventud ha de ser abordada asimismo a escala de los individuos, como tiempo crucial de la formación y la transformación de cada ser, de la maduración del cuerpo y la mente, de las opciones decisivas que son preludio de la inserción definitiva entre sus semejantes. Por ello, la juventud es el tiempo de las tentativas sin futuro, de las vocaciones ardientes (aunque mudables), de la búsqueda (la del caballero medieval) y del aprendizaje profesional, militar y amoroso con su alternancia de éxitos y fracasos. Momentos efímeros y llenos de fragilidad" (p. 12).

Algunas interacciones históricas entre escuela y ciudadanía

La escuela del siglo XX ha sido un espacio social por excelencia donde se instauró la participación de los jóvenes en el ejercicio de la vida escolar. Esta institución pudo articular la cultura diaria con los procesos de socialización de niños y adolescentes a través de contenidos formales vinculados con la participación ciudadana. Los fenómenos políticos se hacían presentes en las rutinas escolares, aunque no siempre en forma explícita. Se construían en un contexto de relaciones sociales complejas, que constituían en sí mismas distintos entramados de relaciones de poder, pues "las escuelas son entendidas como espacios atravesados por intervenciones políticas, como uno de los escenarios de la política producido en la dimensión de los espacios locales; como articulación compleja y cruce de confrontaciones, alianzas y cambiantes relaciones de fuerzas entre individuos y grupos" (Milstein, 2009, p. 24).

En la tradición escolar, las asignaturas de Historia y Educación Cívica, y luego Formación Ética y Ciudadana, fueron los espacios legitimados y lógicamente estructurados para la formación ciudadana de los jóvenes, aunque no son los únicos, pues estos contenidos se abordan y se abordaron también en los demás espacios curriculares, en los cuales se albergan y circulan lenguajes políticos y cultura cívica.

Las interacciones entre ciudadanía y escuela fueron pensadas y ejecutadas por el Estado nacional a través de las escuelas públicas. Se partía del interrogante: ¿cuál es el papel que debe desempeñar la escuela para que los sujetos se sientan parte de su lugar de nacimiento o de adopción? Una de las principales tareas era, por lo tanto, contribuir a "formar ciudadanos", acompañándolos en el uso público de un pasado.

En Argentina, el punto de partida de esta tarea pedagógica se enmarcaba en el ideal del maestro Domingo Faustino Sarmiento[1]: civilizar a los bárbaros. Civilizar remite a una historia de la civilización vinculada a las transformaciones materiales, culturales y políticas.

---

1. Domingo Faustino Sarmiento (1811-1888) fue un político, escritor, docente, periodista, militar y estadista argentino. Fue gobernador de la Provincia de San Juan entre 1862 y 1864, puesto desde el que impulsó la educación pública y la guerra contra los caudillos. Desempeñó posteriormente el cargo de embajador plenipotenciario en los EE.UU. Entre los años 1868 y 1874 fue presidente de la República Argentina.

Sin embargo, el modelo o estatuto legal que atravesó la enseñanza para inculcar el concepto de ciudadanía nunca estuvo demasiado explícito. Algunos de los requisitos a los que se aludía eran, por ejemplo, remitirse a la Ley de Ciudadanía, que fue promulgada en el año 1898 y que consideraba ciudadanos por naturalización a los extranjeros mayores de 18 años. Esta ley explicaba en forma lineal las condiciones para el otorgamiento de ciudadanía. Las mismas se referían a los antecedentes, por ejemplo: haber desempeñado un trabajo en forma honesta poseyendo una referencia de aptitud, haber desarrollado una nueva industria o invención útil en el país, ser empresario, propietario de bienes raíces o constructor de ferrocarriles, haber formado parte de una colonia en funcionamiento en los territorios nacionales o provinciales, haber servido en el ejército, haber contraído matrimonio con una mujer argentina, haber ejercido profesorado en educación o haber trabajado en la industria. También eran considerados ciudadanos argentinos todos los nacidos en el Territorio Nacional o en el exterior que optasen por serlo, como asimismo los nacidos en legaciones o buques argentinos. No obstante, este "papeleo" no daba cuenta en absoluto del proceso y devenir histórico de ser un ciudadano, dado que "el ciudadano, no es, como en el liberalismo, aquel recipiente pasivo de derechos específicos que goza de la protección de la ley" (Mouffe, en Laclau *et al.*, 2004, p. 138). Pues se es ciudadano dentro de una realidad contingente, en la convergencia de una vida política con desigualdad de oportunidades, a partir de las diversas prácticas sociales y en la pluralidad de los propios sujetos.

Desde esta concepción, los escenarios de la vida escolar indican modos de construcción de la ciudadanía donde operan múltiples conexiones entre las experiencias de la vida cotidiana de los estudiantes. Por ejemplo, en las reuniones familiares, en las conversaciones y pasatiempos de los jóvenes es donde se comienzan a construir no sólo los espacios de sociabilidad, sino también los de solidaridad. Pero el aula escolar es, indudablemente, un espacio privilegiado, en el cual los estudiantes pueden confrontar estas miradas y experiencias diferentes, discutir discursos y testimonios que comienzan a enriquecer los posicionamientos. Al respecto, Siede pregunta: "¿Qué relación hay entre valores y política? ¿Qué valores dan sustento a la ciudadanía en la educación escolar? ¿Qué propósito ha de tener una educación ética y política escolar?" (Siede, 2007, p. 96). Estos interrogantes posibilitan entender que la política y los valores organizan una parte de la enseñanza de la ciudadanía en la educación escolar, dado que "Lo que saben del mundo social los actores que lo constituyen no es algo ajeno a su propio mundo, como en el caso de un saber sobre sucesos u objetos de la naturaleza (…) requiere emplear los mismos materiales –una inteligencia de prácticas organizadas recursivamente– de donde se extraen las hipótesis sobre ese saber" (Giddens, 2004, s.p.).

Así, la relación entre ciudadanía y poder en una práctica pedagógica no se puede abstraer o separar de su propio contexto –particularmente del contexto político–, entendiendo que la educación es siempre pública en tanto se concibe como acción política. Como dice Siede (2007) la maestra no es la segunda madre, sino el primer agente público que instaura un contrato político con sus estudiantes. Por lo tanto, la ciudadanía evoca directamente lo político, en donde se enmarca lo aprehendido en la escuela y en la casa.

La ciudadanía como ejercicio se construye a través del esfuerzo cotidiano, en torno a argumentos contrarios, similares, opuestos. Es una cuestión de opiniones, sentidos, experiencias y entendimiento. Ellos son requisitos indispensables para dar cuenta del proceso de composición y acción de la ciudadanía en las vidas públicas y privadas de los sujetos individuales y colectivos, siendo las ideas una fuerza incondicional para su constitución. Así, a temprana edad, los jóvenes estudiantes se encuentran con distintas prácticas discursivas que posibilitan a la escuela situarse en el lugar simbólico del prestigio.

Las primeras organizaciones de ciudades posibilitaron el comienzo de la política en la historia de la humanidad, y la búsqueda por parte de los sujetos de su pertenencia a esa sociedad (Dosse, 1988). Los sujetos se sitúan históricamente, forman, producen, habitan historias y se sostienen en ellas, se constituyen como ciudadanos a través de sus despliegues de cada acción cotidiana y en la propia agencia humana. Ellos expresan una conciencia de los múltiples tiempos y de las formas de espacios sociales donde fortalecen lazos sociales y eligen caminos para operar particularmente en dicho espacio social.

Los sujetos buscan un reconocimiento; es decir, un reconocimiento recíproco y una ubicación en las clases sociales que enmarca el Estado social. En este contexto, se construye un sistema de valores, de discursos, de culturas, de imaginarios políticos, de difusión de nuevas ideas. Así, el Estado es entendido como un espacio que delimita a quienes son ciudadanos/as políticos; que crea un sistema legal que organiza a la sociedad en torno a derechos, libertades y obligaciones; y que través de un conjunto de burocracias estatales modernas construye su capacidad de negociación. Entonces, el régimen democrático presupone a la ciudadanía política, la inclusión y al Estado (O'Donnell, 2010).

La escuela constituye una de las burocracias del Estado moderno, y en ella participan distintos agentes ejerciendo la ciudadanía. Cuando algunos funcionarios le otorgan el mandato social a la escuela respecto a educar a ciudadanos, tienen como propósito reificar al Estado.

Uno de los temas que abordan las Ciencias Sociales se refiere a los procesos de admisión e inscripción de los sujetos en la sociedad, y a los modos como la sociabilidad ayuda a construir lazos sociales, amicales y de pertenencia o exclusión en el contexto social. Es decir, la necesidad de nutrir dichos lazos sociales para asegurar la existencia colectiva y los reconocimientos recíprocos. Estas prácticas instituyen las bases para el ejercicio del poder y la construcción de una identidad colectiva. La pervivencia de una sociedad demanda, entre otras cuestiones, que los sujetos incorporen ciertas normas y valores, como por ejemplo la lealtad a la identidad colectiva y el reconocimiento de la autoridad.

Así, la experiencia de la vida social que transcurre y cambia, en la modernidad necesitó contar con una institución llamada escuela, con el fin de que pudiera construir y legitimar las relaciones entre el Estado y la sociedad en torno a un entramado cargado de autoridad, reconocimiento, controles y contenido, para nutrir una conciencia histórica y de pertenencia. Además, en el mandato de la experiencia moderna la escuela está asociada con educar al soberano, es decir, implicarse en la construcción de la ciudadanía.

A principios del siglo XIX la herencia hispana se contrapone con la cultura moderna, y comienza a plantearse la irreversibilidad de las viejas ideas. En nuestro país, Mariano Moreno[2] fue un representante de la misma. Al historizar sus ideas se observa una ruptura con el mundo hispano. También en los nuevos pueblos comienzan a emerger sujetos políticos que acuerdan o se oponen a este contexto moderno en construcción. Uno de sus legados fue que el conocimiento implica emancipación por medio de la razón.

Ya en los albores de la revolución por la independencia rioplatense, existía la preocupación acerca de la necesidad de organizar un sistema educativo público y extenso. Tanto la política como los enfoques de la pedagogía iluministas propugnaban por alcanzar la igualdad. Pero para

---

2. Mariano Moreno (1778-1811) fue un abogado, periodista y político de las Provincias Unidas del Río de la Plata. Tuvo una participación relevante en los hechos que propiciaron la Revolución de Mayo, y fue secretario de la Primera Junta de gobierno, siendo siempre fiel a sus ideales de liberación y a la ideología roussoniana.

esto se requería de un dispositivo escolar que diera lugar al conocimiento por encima de la ignorancia, y de la condición de súbdito a la de ciudadano (Siede, 2007).

Durante el proceso de transición hasta la conformación del Estado nacional, se fue construyendo la escuela como un espacio social público. Esta escuela fue impulsada y legitimada por actores políticos y acompañada por la sociedad civil para que interviniera en la educación de los ciudadanos. Así, los pensadores de la generación del '37 sentaron las bases para organizar el Estado de carácter liberal, discutiendo una escuela que posibilitara la construcción de la nación.

Paulatinamente, a partir del año 1853 se inició un proceso de institucionalización en el Estado nacional, y la escuela posibilitó, fundamentalmente a través del lenguaje, consolidar lo nacional del Estado y proponer la argentinización del ciudadano. Una de las preguntas que surge es por qué los inmigrantes en Argentina de finales del siglo XIX –e inclusive de principios del siglo XX– no han querido adoptar la ciudadanía argentina. Domingo Faustino Sarmiento explicaba el problema comparando dos modelos de países con inmigración: Estados Unidos y la República Argentina, de la siguiente manera:

"En los Estados Unidos. de los trescientos mil inmigrantes que llegan al año, doscientos cincuenta mil hacen luego su declaración de ciudadanía. En la República Argentina, ninguno toma carta de ciudadanía, porque hace, al parecer, más cuenta; y en los años posteriores, cuando ya se siente la necesidad de ser patriota, el ejemplo de los que le precedieron, las instancias y lecciones de sus compatriotas, le hacen desdeñar tal carácter de ciudadano, aprendiendo a saborear las ventajas de no serlo y a enorgullecerse de saber que hay al otro lado del Atlántico un país, cuyo nombre puede servir para entretener, disimular o extraviar los impulsos del patriotismo. Entonces principia la nostalgia patriótica, que degenera luego en odio y menosprecio al país donde (viven)" (Di Tella, 1999, pp. 51-52).

En Argentina, por lo tanto, no existió una política estatal de extender masivamente la ciudadanía, pues para ello el Estado debía brindar algunas ventajas que no siempre terminaban en buenos términos, y además, no podía ejercer el control sobre los recién llegados. A esto seguramente se le sumó la propia decisión de los inmigrantes respecto a no querer adquirir la ciudadanía por diversos motivos: étnicos, culturales y políticos, entre otros. En este sentido, la preocupación que planteaba Domingo Faustino Sarmiento se vinculaba con la inscripción en el suelo argentino.

A principios del siglo XX se iniciaron los debates entre "nacionalistas" y "cosmopolitas". Los cosmopolitas planteaban un espacio abierto para organizar su experiencia de vida, mientras que los nacionalistas querían establecer controles, ante la generosidad del Estado nacional. Las ideas nacionalistas anidaban en un mandato social que tenía el propósito de nacionalizar la enseñanza. De este modo, se intentó impulsar en las nuevas subjetividades el "sello de argentinidad".

Sin embargo, a fines del siglo XIX las burocracias del Estado –particularmente la escuela– tenían como preocupación educar a los 'bárbaros', en el contexto maniqueo de 'civilización o barbarie', continuándose con la propuesta de 'normalizar al diferente'. Pensamiento pedagógico que encuentra su sostén ideológico en el higienismo, como resultado del crecimiento de la población. A su vez, este enfoque dialoga con el proceso de entender a lo social en forma general, y a lo educativo en forma particular, a partir de la incorporación de un lenguaje matemático para analizar y establecer diferencias entre un niño normal y uno anormal. Este último debía ser expulsado del sistema, desde una concepción vinculada a la asistencia social y al trabajo sanitario. Los discursos prevalecientes sobre la normalidad y anormalidad, salud y enfermedad fueron influyendo también en la construcción de las identidades de la masculinidad y la femineidad. Lo distinto, lo diverso y lo extranjero resultaban peligrosos y desconocidos. Las escuelas y hospitales debían normalizar, sanar y rectificar, de acuerdo a patrones únicos que pre-establecían lo correcto y lo aceptable.

Se tensionaban en este contexto la concepción pedagógica progresista y las ideas de inclusión en la educación argentina, respecto a los niños y jóvenes que no podían ingresar al sistema educativo y que si lo hacían, no podían sostenerse. Esta fusión entre tendencias contradictorias en la educación lleva a plantear, en palabras de Siede: "Si aquella escuela logró atraer con eficacia a los 'bárbaros' para que se dejaran civilizar, a los extranjeros para que perdieran sus marcas de origen, a los 'diferentes' para que renunciaran a serlo, eso sólo fue posible porque la promesa de inclusión y progreso a través de la educación era posible y tangible". Luego plantea: "¿Y ahora qué? Incluir y reconocer", como los auténticos propósitos de la educación política del siglo XXI (Siede, 2007, pp. 82-88).

Sin embargo, para la escuela actual es todavía un desafío poder dar respuestas y motivar a los estudiantes para que construyan un lugar, porque ha perdido capacidad de promesa. Y la diversidad con la que tiene que tratar la escuela se resiste a la dominación y a la desigualdad.

Educar a los ciudadanos es tarea de la escuela, porque implica hacer partícipes incuestionables de lo público a los jóvenes, con el fin de que puedan formar parte de la construcción de identidades colectivas desde el capital cultural que debe ser transmitido a todos. La escuela, como institución histórica, tiene la misión irrenunciable de movilizar el pensamiento partiendo de la idea de igualdad, de enseñar ayudando a aprender, y de invitar sin someter, brindando herramientas para construir la propia subjetividad, desde proyectos colectivos.

No obstante, algunas problemáticas han permanecido en la escuela actual, y ciertos principios ya no resultan tan evidentes: la homogeneización, el autoritarismo y la desigualdad perduran, y todavía se intenta normalizar al diferente. En suma, es necesario volver a mirar las experiencias educativas, renunciando a la idea de desierto o tierra vacía. Para los niños y jóvenes, la escuela es una posibilidad concreta y real para lograr una formación sustantiva en ciudadanía.

Aspectos históricos acerca de la ciudadanía en nuestro contexto local

En la historiografía patagónica, Favaro y Arias Bucciarelli (1995) en su artículo: "El lento y contradictorio proceso de inclusión de los habitantes de los territorios nacionales a la ciudadanía política. Un clivaje en los años '30" abordan la historización de la ciudadanía política hasta el año 1955. El corte del año responde a un acontecimiento institucional, como lo ha sido la provincialización de los Territorios Nacionales. Dichos autores iniciaron una línea de investigación en torno al análisis político en la historia patagónica.

Una de las primeras perspectivas teóricas considera a la ciudadanía fundamentalmente a partir de los procesos de participación política, los cuales se organizaron recién al finalizar el siglo XIX, cuando el Estado nacional los legitimó a través del sufragio universal masculino. En el caso de la Patagonia, esta región ha sido la última en incorporarse a la República Argentina, formando parte de los Territorios Nacionales de Argentina desde 1884 hasta 1955.

Los Territorios Nacionales fueron espacios que históricamente se definían por el poder central como lo desconocido, lo lejano ubicado más allá de la civilización. Eran territorios alejados tanto desde lo geográfico como desde lo representacional y lo político, respecto a los centros de decisión de la República Argentina. "De este modo, lo lejano concreta lo incomunicado y no articulado al núcleo dinámico del país y en este orden, incorpora el par centro/periferia; pero a la vez también referencia un 'afuera' de la comunidad política, y en este sentido, la lejanía es equivalente a dependencia o subalternidad" (Arias Bucciarelli, 2009, pp. 9-10).

La provincialización de Chubut se produjo en la segunda mitad del siglo XX. La construcción de prácticas referentes a la ciudadanía constituye, por lo tanto, un proceso que posee características peculiares en la región patagónica. La decisión política del Estado nacional de provincializar el país generó como resultado un voto aun más restringido por parte de los pobladores de los Territorios Nacionales, institucionalizándose de esta manera la restricción del sufragio universal. En este contexto, los modos de participación en la sociedad territorial o en la gobernación militar interpelaban paulatinamente la noción de construcción de ciudadanía, a través del voto como "única" forma de intervención posible en las arenas políticas. Sin embargo, el desarrollo de la ciudadanía se produce y se reproduce también en otras instituciones de la sociedad, como las asociaciones vecinales, las bibliotecas populares, los clubes y las publicaciones de periódicos, entre otras.

Surgía así la necesidad de fortalecer un sentido de pertenencia ligado a los marcos provinciales. La consolidación de la pertenencia en la provincia de Chubut, a partir de la conformación de la identidad "chubutense", constituyó una de las iniciativas básicas de las políticas estatales, lo cual se reflejó en el plano de lo económico, lo social y lo cultural. La definición de la Constitución y la organización de los distintos estamentos del gobierno y de las estructuras de la administración, entre otros hechos y modos de intervención del aparato estatal, permitieron dotar a la región patagónica en general –y a la provincia de Chubut en particular– de una idiosincrasia que posibilitó diferenciarla, dentro del contexto de las configuraciones provinciales de la Argentina. Así, a principios del siglo XX el Estado impulsó los mecanismos que contribuyeron a instaurar imaginarios y símbolos de integración y de diferenciación en la ciudadanía. La homogeneización y naturalización de tradiciones y caracteres propios de la nación sobre la población patagónica constituyó un propósito llevado a cabo por las empresas, organizaciones e instituciones del Estado. De este modo, la provincia instauró diversas estrategias y prácticas culturales tendientes a amalgamar las experiencias colectivas de sus ciudadanos. Sin embargo, la construcción de identidades provinciales suponía la conformación de comunidades internamente homogéneas, lo cual solapaba o minimizaba las diferencias existentes en el plano de lo social, lo cultural y lo económico. Pero también se impulsaba el surgimiento de aquellos elementos que permitían diferenciarse de las demás jurisdicciones –vecinas y connacionales– en aras de construir y fortalecer la propia idiosincrasia. Estos posicionamientos tienen vigencia en la actualidad, desde políticas municipales cuyo propósito consiste en lograr la articulación de identidades, generando procesos de autonomización de lo local como tendencia creciente en los procesos de producción y reproducción simbólica (Marques, 2007).

Hasta mediados del siglo XX, en la ciudad patagónica de Comodoro Rivadavia –perteneciente aún al Territorio Nacional de la Patagonia– la sociedad comodorense se había complejizado, conformándose fuertes redes y jerarquías sociales. Este proceso, en tanto constitutivo de toda sociedad, fue acompañado de una vida política y de la construcción de formas de convivencia en las que diversas manifestaciones del poder se trasuntaban en las actividades ciudadanas. La organización de instituciones tales como clubes sociales, escuelas y comisiones de fomento, entre otras, no sólo representaba intereses de clase y étnicos, sino que también imponía normas y mecanismos coercitivos que en su propio funcionamiento constituían poderes institucionalizados. Al margen de dichas estructuras de poder, se generaban también otras estrategias alternativas y nuevos escenarios de tensión que daban forma a la vida social. En suma, la participación ciudadana no quedaba restringida al sistema electoral que establecían el Estado municipal y el nacional, porque los ciudadanos pertenecían a diversos grupos étnicos y a diferentes espacios sociales, culturales y políticos. De esta manera, cada sujeto se adecuaba a las normas vigentes, y en momentos de crisis se instauraban cambios para poder afrontar las condiciones adversas.

En los últimos años, el municipio de la ciudad de Comodoro Rivadavia se ha abocado a la construcción de un universo cultural "anclado" (como también sucede en otras localidades patagónicas pertenecientes a la Cuenca del Golfo San Jorge). De este modo, el Estado municipal ha implementado políticas tendientes a definir nuevos simbolismos, con el propósito de infundir patriotismo en la ciudadanía respecto a su propia ciudad, propugnando nuevos calendarios festivos, reorientando los discursos conmemorativos, fortaleciendo y "reinventando" características idiosincráticas que permitan distinguirse de otras localidades aledañas, revitalizando el patrimonio cultural local e incorporando nuevos contenidos educativos en el sistema educativo referidos a la identidad sociocultural de la ciudad (Marques, 2007).

CAPITULO 2

Jóvenes, identidades y posicionamientos políticos actuales

Silvia Coicaud y Lucrecia Falón

La problemática de la identidad ha tenido una significativa expansión, impregnando buena parte de los estudios en las ciencias sociales. Así, han cobrado importancia tanto las identidades étnicas, regionales, lingüísticas y religiosas, como también los nuevos espacios de las identidades políticas, culturales, sexuales y de género.

Considerar las identidades como procesos significa tener en cuenta los diversos movimientos, cambios y mutabilidad con que se producen las identificaciones, la heterogeneneidad y las contradicciones que se entrecruzan en las prácticas, relaciones y situaciones concretas, así como los intercambios simbólicos y significativos en la representación de los sujetos entre sí. Las identidades se constituyen en el medio de alteridades en juego, mediatas (con "otros" de contextos significativos más amplios que los interpelan, como el Estado, los medios de comunicación, los agentes culturales) e inmediatas (con "otros" del contexto cotidiano, como los actores de las instituciones educativas, los padres, los docentes, los directivos, los referentes comunitarios o barriales). La identidad sería "…el espacio de encuentro entre los procesos de identificación y diferenciación, entre los de subjetivación y alteridad", pero en permanente movimiento de continuidades y de cambios (Ytarte, 2007, p. 71).

Es decir, el "yo" y el contexto están en constante mutación, por lo cual los procesos de construcción de identidad no son lineales, ni estáticos. Estamos todo el tiempo construyendo y reconstruyendo nuestro mapa de identidades, ya sea en las relaciones de unos con otros, en nuestro accionar diario, y en el momento de tomar decisiones. Arfuch (2005) observa que la identidad no es un conjunto de cualidades predeterminadas, ya sea de etnia, sexo, clase, cultura, nacionalidad, sino una construcción nunca acabada, abierta a la temporalidad y a la contingencia. Es decir, hablamos de una posicionalidad relacional sólo temporariamente fijada en el juego de las diferencias. No hay identidades fijas o esenciales, sino que constituyen formas de identificación necesariamente precarias e inestables desde diversas posiciones del sujeto, que se articulan contingentemente en las intersecciones. Esta concepción dinámica de las identidades, lejos de configuraciones estáticas o totalizadoras, contiene el conflicto o la tensión entre las diferencias y la igualdad –existentes o no– y en la re-articulación entre ellas.

Es la situación biográfica de los sujetos la que define el modo de actuar e interpretar los discursos significativos que los interpelan. Al decir de Natanson (citado en Schutz, 1995):

> "Mi situación biográfica es la que define mi modo de ubicar el escenario de la acción, interpretar sus posibilidades y enfrentar sus desafíos (...). La situación actual del actor tiene su historia; es la sedimentación de todas sus experiencias subjetivas previas, que no son experimentadas por el actor como anónimas, sino como exclusiva y subjetivamente dadas a él y sólo a él" (p. 17).

Desde una perspectiva esencialista se concebía a la identidad como un producto final, como una meta que se alcanzaba en una etapa de la vida. Alcanzar la identidad significaba traspasar el umbral de la infancia y entrar en la adultez. Actualmente, se concibe que las sociedades y las culturas son complejas, ligadas a las contingencias sociales y los momentos históricos que viven los sujetos; en lugar de enfatizar los significados culturales internalizados de una vez para siempre en la infancia, se exaltan aquellos significados apropiados o construidos en contextos cotidianos variables, a lo largo de la vida (Rockwell, 1996)

Existen diferencias entre la constitución de identidades en otras épocas, y lo que sucede en la actualidad. Las identidades tradicionales poseían más estabilidad en el tiempo y respondían a fuerzas que influenciaban sobre las características consolidadas, los valores y bienes simbólicos impuestos por la dominación económica y social, mientras que en el presente las identidades atraviesan una situación de fragmentación, desestabilización e incertidumbre por la desaparición o ruptura de creencias, valores y normas aceptadas, por el debilitamiento de la memoria colectiva y la decadencia de propósitos comunes. No obstante, antes y ahora mediante diferentes prácticas y actores sociales, los discursos políticos con pretensión de hegemonía en todo momento han tenido como objetivo modelar a las nuevas generaciones.

Hoy en día los jóvenes se destacan por sus diversos estilos de vida. Y la búsqueda de la identidad tan añorada por ellos se ve reflejada en la pertenencia a un determinado grupo. Se crean de este modo diferentes "subculturas".

Desde esta postura, cuando un joven se integra a una sociedad que posee las mismas tendencias, modas y pensamientos que él, seguramente se sentirá identificado tanto con el grupo como con sus símbolos y modas. La identidad de cada uno varía según su ideología y según la persona misma que la conforma. De este modo, estas "tribus" reunirían a jóvenes que compartirían espacios similares y se comunicarían a través de los mismos códigos, vistiéndose y hablando parecido, constituyendo así una unidad homogénea. Si se las compara con el resto de la sociedad, podríamos encontrar diferencias y rasgos particulares en estas nuevas conformaciones identitarias. Sin embargo, desde otro posicionamiento, nociones como las de "tribu" y "consumo cultural" con las que se engloban estas expresiones, forman parte de una concepción culturalista que segmenta arbitrariamente a los grupos y a sus prácticas según la pertenencia social y ecológica, reduciendo de este modo los alcances y preocupaciones que estas generaciones elaboran acerca del espacio público de acuerdo a los intereses del endogrupo (Lesko, 1992; Padawer, 2004, citados en Batallán y Campanini, 2008).

Los niños y jóvenes han sido considerados en épocas pasadas –y también en la actualidad– como "pequeños ciudadanos" que participan con modos propios en la esfera pública y social, siendo interpelados por la dirigencia política desde diversos discursos y propuestas. El resultado de esa interpelación en términos de lo que los jóvenes reciben y eligen desde las construcciones identitarias, es complejo de interpretar, pero siempre han existido prácticas que pretenden convertir a los jóvenes en sujetos con determinados rasgos. A través de diferentes estilos, programas y dispositivos, la política en todo momento ha tenido como objetivo modelar a las nuevas generaciones, aunque ello muchas veces asume contradicciones, manipulación e intereses de ciertos sectores.

Resulta preciso analizar estos fenómenos complejos desde categorías sociales, políticas y educativas, entre otras. El terreno de lo político constituye un campo de construcción de la vida en común –la comunidad y su regulación–. Las prácticas y los discursos sobre esta dimensión de la vida social conllevan conceptos y nociones de uso sobre las formas de gobierno y la participación de los individuos y los diversos sectores sociales. La reconstrucción de la sociedad moderna capitalista ha puesto de relevancia los modos de participación de niños y jóvenes en ámbitos públicos y procesos políticos. No obstante, las prácticas institucionales descansan aún en el supuesto básico de que los menores no son artífices de su mundo sociocultural, concepción que Díaz de Rada (2003) atribuye al modelo de un adaptacionismo externalista:

> "La relación entre el sujeto individual y la cultura queda así sancionada como una relación transitiva –no reflexiva: el individuo recoge la cultura para sí, como si de un objeto exterior se tratase, y de ese modo queda en la sombra todo lo que el sujeto le hace a la cultura al intervenir en las relaciones sociales de las que él mismo forma parte" (p. 279).

No se trata de pensar en nuevos sujetos, sino de abordar el conocimiento de estas relaciones, entendiendo a sus protagonistas como sujetos sociales con potencialidades que requieren ser documentadas y analizadas en su complejidad.

En la actualidad, la cultura juvenil constituye una dimensión sumamente dinámica. La diferencia en el acceso a bienes materiales es un factor que marca fronteras, porque los deseos de jóvenes de diversas clases sociales no son diametralmente distintos, pero sí lo es su posibilidad de realización.

La gran mayoría de los jóvenes desea poseer determinados productos simbólicos que ofrece el mercado, pero no todos acceden a los mismos. Existe un "consumo imaginario" (Sarlo, 1997, p. 129) que influye en los modos en que los sectores populares se relacionan con su propia experiencia, con el lenguaje, con la diversión, con el mercado, con la política y con todo lo que constituye identidad social. La ideología pergeña consumidores universales, pero un gran número de personas son sólo consumidores imaginarios. En otras épocas, la pertenencia a una cultura aseguraba la posesión de bienes simbólicos que conformaban el basamento de identidades sólidas, mientras que en la actualidad la exclusión que existe respecto a la posibilidad de consumo vuelve inseguras todas las identidades, lo cual impacta fuertemente en los jóvenes.

Es recurrente la opinión que postula que, frente a la ampliación de la ciudadanía cultural y a los espacios de participación, se evidencia una despolitización de los jóvenes y una débil incidencia en las decisiones políticas. Entonces, es necesario preguntarse: ¿de qué modo construyen los jóvenes su ciudadanía? Las investigaciones acerca de la juventud evidencian, sin embargo, que los jóvenes expresan su perspectiva sobre lo político fundamentalmente de manera artística y desde las relaciones cotidianas, y que eligen cautelosamente las causas en las que se comprometen pues no cualquier propuesta, campaña o actividad logra involucrarlos.

Asimismo, es insoslayable pensar que los modos en que se constituyen las identidades juveniles cobran sentido si se consideran en un contexto de mundialización de la cultura, puesto que esto les permite a los jóvenes adquirir una visión globalizada a través de los medios de comunicación y las tecnologías de la información, pero también mediante la generalización de políticas neoliberales que favorecen el individualismo.

En la sociedad contemporánea, la juventud se ve atravesada por tensiones o paradojas (Hopenhayn, 2007). A saber:

- Más acceso a educación y menos acceso a empleo.
- Más acceso a información y menos acceso al poder.
- Creciente consumo simbólico y menor consumo material.
- Más flujo comunicativo y cohesión entre jóvenes, y mayor segmentación de grupos y referentes.
- Mayor expectativa de autonomía y menor opción para materializarla.
- Mayor seducción por el presente y mayor presión por el futuro.

Para responder a las características sociohistóricas del contexto actual, "el sujeto necesita de modalidades de producción simbólica específicas (…) está hoy expuesto a una multiplicidad de estímulos inexistentes en épocas anteriores, a partir de los cuales elabora formas de respuestas novedosas asociadas a un trabajo psíquico muy intenso" (Schlemenson, 2005, pp. 17-21). Las manifestaciones agresivas y muchas veces violentas que surgen en las actuales sociedades, ejercitan a los sujetos en formas originales de simbolizar. A esto se suma el acceso a cúmulos de información que provee la red Internet, con la posibilidad de adquirir conocimientos diversos. Además, la imagen –protagonista indiscutible de esta era– lleva a realizar un trabajo psíquico intenso en los sujetos, para lograr apropiarse de los conocimientos y comprender lo que sucede rápidamente. Las series de televisión y los videojuegos, por ejemplo, son productos que se resignifican simbólicamente, generando nuevas propuestas de sentido. Se sustituye de este modo una narrativa única por un juego de lenguajes, que demanda un psiquismo dúctil y abierto para adaptarse a los cambios. No existe, por lo tanto, una forma única de responder a los requerimientos sociales. El sujeto se constituye por la fuerza de las desigualdades y por la contraposición de perspectivas en las que participa, y debe adecuar los recursos simbólicos de los que dispone a la compleja realidad en la que vive.

La escuela y los espacios identitarios

La escuela debería constituirse en un espacio que posibilite la manifestación de los diferentes sentidos y significados que los jóvenes proponen sobre lo político, lo social y lo cultural del modo en que ellos lo expresan, otorgando la oportunidad para resignificarlos con el aporte de nuevos saberes, mediante la revisión crítica de sus ideas y las de los demás actores sociales. Si la propuesta formativa de la escuela se realiza desconociendo la visión de los jóvenes y su realidad social e histórica, la misma resultará distante y poco significativa para ellos, y en ocasiones excluyente. Esta institución es una de las pocas en las cuales los jóvenes tienen la posibilidad de convivir con pares y con adultos posicionados como tales.

Pensar la educación de la ciudadanía para estos jóvenes de hoy implica considerar la enseñanza en el marco de la diversidad sociocultural, ya que la juventud no es homogénea, sino que asume una multiplicidad de formas de expresión y de posturas en contextos diferentes. En este mismo sentido, es posible afirmar que el concepto de juventud no es unívoco, sino que se construye culturalmente. Al respecto, Bourdieu plantea que la edad es un dato biológico, socialmente manipulado y manipulable, atravesado por relaciones de poder. Cualquier clasificación por edad implica "siempre una forma de imponer límites, de producir un orden en el cual cada quien debe mantenerse, donde cada quien debe ocupar su lugar" (Bourdieu, 1990, p. 164).

En relación con lo antes expresado, las identidades se constituyen en el propio espacio de las representaciones de los sujetos, y no fuera de ellos. Se logra a partir de la pertenencia a determinados grupos, a los consumos culturales y a la producción de estilos. La identidad no es un punto final al que se accede en algún momento, sino que se construye y se reconstruye permanentemente, a través de las prácticas del hacer atravesadas por las relaciones humanas, las acciones cotidianas, las decisiones que se toman, etc.

Establecer parámetros rígidos respecto a la categoría "joven" basados en la edad cronológica y en ciertos parámetros biológicos, resulta una concepción banal y simplificada que no da cuenta de la complejidad de estos procesos de subjetivación en los que intervienen factores y actores diferentes en distintos momentos de la vida, muchas veces de un modo interpelador y conflictivo, pues

"los sistemas de edad sirven a menudo para legitimar un desigual acceso a los recursos, a las tareas productivas, al mercado matrimonial, a los cargos públicos (...) categorías de tránsito muy formalizadas, equivalentes estructuralmente a nuestra juventud, ritualizadas mediante las ceremonias de iniciación, cuya función es legitimar la jerarquización social entre las edades, inhibiendo el desarrollo de un conflicto abierto (pues los jóvenes acaban siendo adultos) y, asegurando la sujeción de los menores a las pautas sociales establecidas" (Feixa, 1998, p. 23).

En la investigación realizada en instituciones educativas de la ciudad patagónica de Comodoro Rivadavia, la experiencia de uno de los proyectos llevados a cabo en el marco de los Centros de Actividades Juveniles (CAJ) demuestra el sinsentido de pretender delimitar y clasificar a los jóvenes según los años de edad cumplidos, en relación con la posibilidad de incorporarse a las actividades encaradas por estos centros. Así lo manifiesta uno de los responsables institucionales, cuando se le pregunta acerca de la edad que se prescribe para poder participar de los mismos:

"Está planteado de 13 en adelante, la condición es ser joven, pero ahí entramos en un problema. La división de 'joven' es problemática. Mirá, han dicho hasta 26 años, y he aceptado chicos más chiquitos. ¿Por qué? Porque en algún momento los padres –que eso también me causa mucha satisfacción– han visto que ahí en el barrio algo pasaba. Entonces salían y entraban con guitarras, y me preguntan: ¿qué pasa? Les explico que es un taller. 'Y ¿puede venir mi nena?' 'Y ¿qué edad tiene?' 'Y... 10'. Y no pueden, pero tampoco les voy a decir que no pueden. Y esta chiquita está en teatro, y es una de las que... ¿viste? Hay momentos en los que no puede trabajar, por la edad... ya que el tema... el otro día estaban representando la enfermedad de una chiquita que iban a operar... y ella quedó sin posibilidad de trabajar, porque el tema es pesado. Pero cuando hay otras cuestiones es ella la que lleva el grupo. No lo lleva, sino que le imprime lo suyo".

En el caso del Colegio Universitario Patagónico (CUP) de la Universidad Nacional de la Patagonia San Juan Bosco, el director explicaba que, para el asombro de los docentes y el de los estudiantes avanzados, la mayor participación en el Centro de Estudiantes –CECUP– la tenían los alumnos que cursaban el primer año del colegio:

"...pasó algo interesante, porque el año pasado la presidenta del Centro electa fue de primer año –hoy de segundo, ya hizo su avance– una chiquita de 12 años. La escuchabas en la campaña y era tremendo!"

En la época actual, las fuerzas del mercado influyen fuertemente en los procesos de "juvenilización" de los sujetos, fundamentalmente desde las nuevas apropiaciones culturales. Sin embargo, aún subsiste la idea de que los niños y jóvenes son sólo "pequeños ciudadanos" inmaduros e incompletos, y por lo tanto, sin preparación para ejercer la ciudadanía de los adultos. Desde esta concepción, los jóvenes son sujetos de "derecho restringido", predominando en las escuelas prácticas de socialización acerca de normas ciudadanas que se acotan a la realización de tareas propedéuticas que deberán aplicar los "proto" ciudadanos de hoy en el futuro. Reconocer a los niños y jóvenes adolescentes como actores que pueden adquirir protagonismo político en grados variables, constituye un posicionamiento que excede e interpela las categorías cotidianas y académicas desde las cuales se interpretan estas prácticas en el espacio público, incluidas las prácticas educativas (Batallán y Campanini, 2008).

Por ello, resulta imprescindible reflexionar profundamente acerca de las formas en que se desarrollan las relaciones escolares, analizando si realmente los docentes conciben a los jóvenes como personas únicas y con pleno derecho, dándoles la voz, prestando atención a sus necesidades, propiciando la participación democrática y generando las condiciones para que se ejerza la justicia, se reconozcan los derechos y se advierta el poder que existe en las instituciones.

Según Falconi (2004) la escuela media se encuentra frente al deterioro del contrato pedagógico fundante de una escolarización que consiste en que los docentes enseñan y transmiten conocimientos, y los alumnos ponen todos sus esfuerzos en apropiarse de los mismos. Se suma el ingreso de jóvenes de sectores populares a la escuela media, poniendo en tensión el mandato fundacional de la misma, destinado a las elites. Elbaum (2006) por su parte observa que cuando la escuela secundaria nomina enemigos internos a los jóvenes revoltosos y los encasilla a partir de sus estilos culturales, colabora de este modo con la conformación de polarizaciones excluyentes.

La escuela se definió históricamente por la separación y el resguardo de los niños y jóvenes respecto a otros ámbitos e instituciones potenciales de socialización (la calle, la fábrica, los cultos, entre otros) como así también del entorno social percibido como problemático. Tal separación del niño/joven del mundo doméstico-privado se fundamentó asimismo en el mandato moderno por el cual la escuela sería la institución pública encargada de la instrucción y el aprendizaje del conocimiento universal y de la convivencia ciudadana responsable. La expansión de la escolarización obligatoria enfatizó y prolongó el carácter transicional de esta etapa de la vida, proyectando la participación plena de niños y jóvenes en el futuro, y reforzando las definiciones jurídicas sobre la ciudadanía propiamente dicha como competencia exclusiva de los adultos.

El rechazo a pensar la escuela como un ámbito político que incluya el protagonismo de los niños y los jóvenes adolescentes, presupone que a una determinada edad de la vida le corresponde un contenido específico y homogéneo de práctica política. En el caso de los jóvenes escolarizados, la orientación pedagógica y la organización jerárquica propia de la institución educativa los constituye como sujetos uniformes en el polo subordinado de la relación, atribuyéndoles intereses meramente corporativos frente a una jerarquía en la que generalmente no tienen participación. De este modo, el comportamiento identitario que se asocia a una "cultura juvenil" responde más bien al arraigo institucional de las prácticas, a su decantación y repetición.

Es un hecho conocido que desde la agenda de la tradición conservadora, en los supuestos cambios curriculares para innovar en educación se prioriza el aumento del lucro empresarial, el debilitamiento de las organizaciones conformadas por trabajadores y la reducción del gasto público. En el discurso neoliberal, los niños y jóvenes son calificados como "futuros trabajadores", dentro de una concepción que no los contempla como ciudadanos, sino como consumidores libres. La sectorización de la sociedad en clases sociales, razas, etnias y edades en pos de establecer circuitos privilegiados de poder y riqueza se ha basado en falaces argumentos morales y biológicos. El libro "The Bell Curve" (Hernstein y Murray, 1994, citados en Giroux, 2006) es un ejemplo de ello. En esta obra se justifica el allanamiento de derechos sociales conquistados por la población negra, por mujeres y niños, y por los pobres, a partir de una explicación de lo que se considera la "distribución normal" de componentes genéticos que determinan la existencia de una mayor o menor inteligencia en determinados grupos sociales. Obviamente, los negros, aborígenes y oprimidos son clasificados por debajo de la curva "normal", lo cual origina efectos de halo fuertemente discriminatorios en la escuela. El rendimiento de los niños y jóvenes hijos de padres de color, de grupos étnicos minoritarios o de gente con carencias económicas va a ser más bajo que el de otros niños que son considerados como genéticamente "bien dotados" por estas pruebas. Estas explicaciones son tan falsas como peligrosas, y lamentablemente llevan a que algunos dirigentes encuentren argumento para reducir los gastos del Estado en materia de políticas públicas, considerando que las inversiones igualitarias son excesivamente caras, que los maestros y profesores son ineficientes y están bien pagos en relación con lo que hacen, y que es necesario asumir con realismo las posibilidades futuras de los hijos de los pobres en una sociedad que ya está conformada de modo desigual.

Estas representaciones negativas en torno a los jóvenes por parte de algunos docentes –violencia, apatía, poca predisposición para la participación en espacios públicos– cercenan las posibilidades de construcción de una ciudadanía crítica y responsable en la toma de decisiones.

Muchos jóvenes en la actualidad muestran desencanto, desconfianza o apatía por la política formal. Sin embargo, esto no significa que no se comprometan y actúen en causas políticas. Desde distintas gramáticas y formas diversas de realización que apelan a lo lúdico, a lo solidario, a la crítica de fenómenos vigentes y a las manifestaciones culturales, entre otras, los jóvenes participan activamente de los escenarios políticos en los que están inmersos, ya sea en contextos locales o globales. Como lo plantea Reguillo Cruz (2011), podemos vislumbrar en la actualidad que la subjetividad política de los jóvenes se está reconfigurando profundamente. Constituyen una especie de "nuevos bárbaros", que se van apropiando sin estridencias de territorios políticos que serán claves para redefinir el futuro.

En los proyectos de educación en ciudadanía analizados, los jóvenes estudiantes del CUP valoraban en gran medida la formación recibida desde estas propuestas de "intervención comunitaria" en el marco de una concepción de aprendizaje-servicio, pues las mismas les permitieron pensar de otro modo, descubrir realidades de personas y espacios que les resultaban ajenos y desconocidos, asumiendo una actitud diferente con respecto a la importancia de hacer algo para mejorar la vida de otros. Los chicos decían que con estas experiencias no sólo podían "ver" lo que estaban aprendiendo, sino que también tomaban conciencia acerca cómo podían ayudar y qué era lo que tenían que hacer para ayudar a otros.

Los trabajos elegidos y realizados por ellos abarcaban muchas temáticas vinculadas con necesidades del contexto: propuestas basadas en la enseñanza y el aprendizaje del arte (instrumentos musicales diversos, graffitis, máscaras, títeres, dibujo, origami, teatro, teatro de sombras, danza hip hop, etc.); trabajo con niños pequeños y con niños y jóvenes con capacidades diferentes (hipoacúsicos, disminuidos visuales, discapacitados motores, autistas, etc.); digitalización y traducción al braille de materiales para ciegos; concientización acerca del cuidado del medio ambiente y adquisición de habilidades para el cuidado del agua y de la tierra; campañas para el reciclado de basura; colaboración con tareas fisioterapéuticas para grupos de la tercera edad; organización de talleres para padres; recupero y ayuda para la reinstitucionalización o reacondicionamiento de espacios sociales y culturales del barrio (bibliotecas, escuelas, uniones vecinales, garitas de colectivos, etc.); campañas solidarias sostenidas en el tiempo; organización de actividades deportivas; participación en sesiones legislativas del Concejo Deliberante de la ciudad con proyectos diversos de ciudadanía; etc.

Todos y cada uno de estos proyectos de formación de los jóvenes abordan a lo político como un campo de construcción de la vida en común, a partir de una concepción de ciudadanía sustancial que reconoce derechos y resignifica la capacidad efectiva de ejercerlos desde la participación en distintas esferas. Pero esto sólo resulta posible si la escuela se transforma en una institución abierta, receptora y propiciadora de manifestaciones diversas por parte de los jóvenes, poniendo en valor los significados que los mismos atribuyen a lo político, lo social y lo cultural, por un lado, y ofreciendo nuevas categorías de conocimiento para poder analizarlos desde sus múltiples dimensiones, por otro. Así lo ejemplifican desde el CUP, cuando explican las estrategias y artilugios a los que los chicos apelan para poder desarrollar sus proyectos en las instituciones educativas en donde no les facilitan el acceso, y cómo el colegio aborda estas problemáticas desde contenidos propios del análisis institucional:

"...ha sucedido que la directora pone un montón de trabas a determinadas actividades, y bueno, entran por las maestras o por la vicedirectora, o entran por otro lugar porque ellos ya tienen una visión crítica desde el punto de vista del análisis institucional, y esto es interesante porque... bueno, yo recuerdo que en la secundaria esto ni ahí. Nosotros recién en la universidad –y por ahí en un curso que hicimos– pero ni siquiera en el profesorado nos daban análisis institucional".

Resulta claro que cuando se pretende educar en ciudadanía sólo desde la teoría, dejando de lado la opinión de los jóvenes y optando además por una instrucción libresca cercenada sólo a las paredes del aula, la propuesta difícilmente sea formativa. En el caso del CUP, el director explicaba lo siguiente con relación a los niveles de compromiso alcanzados por los estudiantes:

"Esto es más que una lección de ciudadanía para los chicos, y es todo un ejercicio de compromiso por parte de ellos, por la cuestión social (...). Quizás uno desde adentro lo rutiniza y lo ve algo natural, pero en realidad cuando ves la cosecha –y la cosecha es del propio alumno, y donde vos sos el facilitador– el impacto es doble. Todos han realizado actividades solidarias en distintas ONG... les ha prendido esto de la educación solidaria. La solidaridad no es un valor que se sortea mágicamente, ni espontáneamente. Se aprende a ser solidario siendo solidario".

Lejos de imponerles temas y contenidos, eran los propios estudiantes los que elegían las temáticas de los proyectos que querían abordar, con una sostenida orientación por parte de los docentes en cuanto a posibilidades, pertinencia y estrategias. El equipo de gestión del colegio es el encargado de efectuar y formalizar las vinculaciones interinstitucionales, y de realizar todas las tareas administrativas necesarias para apoyar el trabajo de los estudiantes.

En el caso de los CAJ se parte también de los intereses de los jóvenes, pero se establece un proceso de negociación constante para mantener a los grupos en los Centros, buscando temáticas y actividades que los convoquen una vez que las mismas son conocidas por los jóvenes, tal como lo explica uno de los responsables:

"...el mío [CAJ] está en función de lo artístico, y puede ser también deportivo, puede ser... no sé, trabajar temáticas de juventud, de derechos, de salud. Lo mío se va constituyendo así porque es lo que salió de los grupos. Por ahí el hecho de juntarse alrededor de lo artístico es para ir constituyendo cuestiones grupales".

Un fenómeno interesante de analizar es el papel que le cabe a la música en nuestras sociedades. En la actualidad, la música ocupa un lugar importante en la construcción del universo simbólico de los jóvenes, lo cual se evidencia en el hecho de que se han creado potentes nichos del mercado destinados a canalizar las crecientes demandas de adolescentes y jóvenes. Las preferencias musicales no son libres, pues están condicionadas por el contexto sociocultural en el cual se desarrollan, desde los diferentes procesos de interacción que se generan y según las posibilidades que tengan los jóvenes de poder participar plenamente de los mismos.

Sin embargo, a diferencia de lo que sucedía en épocas pasadas, la música de la posmodernidad no se adscribe taxativamente a una determinada clase social, pues desde la irrupción masiva de las tecnologías se puede acceder a música diversa en cualquier lugar. Pero también es cierto que distintos géneros musicales tienen públicos y lugares particulares (Hormigos y Cabello, 2004).

Refiriéndose a los talleres de los CAJ, uno de los jóvenes explicaba que a través de las actividades realizadas en los mismos pudo definir su vocación por la música, lo cual lo está llevando a replantear sus elecciones de estudio en un futuro próximo:

"...me puse a analizar, y como que en realidad el CAJ cambió mi vida, porque mi profesor I. –lo tengo que nombrar–... Nunca por la cabeza se me pasó, pero nunca así, la idea de que se podía llegar a estudiar música. Después de la muestra del CAJ había tocado re-bien para él. ¡Así! No sé qué pasó, me transformé... Me dijo [el profesor del taller] '¿Te gustaría estudiar música?' Y yo: '¿qué?' Así que... re-impactado. Así fuimos charlando. Averigüé un montón. Y decidí que quiero ser músico, y estudiar música".

El fuerte vínculo establecido con el profesor que le enseñaba guitarra generó cambios profundos en este adolescente. No sólo en relación con las decisiones que está tomando respecto al área de estudio que piensa abordar, sino también en lo que respecta a su propia personalidad:

"Pero no sé, es como que comprendés más al mundo, y sos más paciente y tenés otros valores, y virtudes (...) Cuando entré, por ahí me costaba, me ponía a un lado (...) perdí un poco el miedo al público, porque yo estuve... no me acuerdo cuánto estuve, 4 o 5 años ahí, y no fui a la muestra hasta hace poco, no me animaba...".

Este joven manifestó con gestos alusivos el entusiasmo y placer con el que tocó la guitarra en las últimas muestras, explicándonos que siente que se ha "transformado": de ser un chico tímido que no quería exponerse, a poder expresarse libremente a través de la música, deseando seguir estudiando con profundidad este arte.

Los argumentos aquí presentados permiten comprender por qué, siendo tanto el resguardo de la infancia como la socialización en el ejercicio democrático cotidiano condiciones necesarias para la constitución y legitimidad de la escuela como una "comunidad", la relación entre ellas ha resultado históricamente problemática. Las concepciones acerca de lo político y del poder tejidas en torno a la escuela han conducido a cuestionar alguno de los términos de la relación, o bien a descartar a la misma escuela en tanto "institución imposible". En este punto, la controvertida interpretación sobre su papel como lugar de reclusión y "calvario", o bien como el ámbito privilegiado específico del mundo de la infancia, merece ser repensada.

Una ética de la transmisión "requiere que cada uno pueda ofrecer a las generaciones siguientes no solamente una pedagogía, no solamente una enseñanza, sino aquello que les permitirá asumir un compromiso con relación a su historia, es decir, a su manera de concebir su propia vida, su propia muerte" (Hassoun, 1998, p. 168).

El programa "Concejales por un día"

El Concejo Deliberante de la Municipalidad de Comodoro Rivadavia ha implementado un Programa de Extensión Legislativa denominado: "*Concejales por un día*", en el cual se habilitan bancas para que estudiantes de distintas escuelas de la ciudad puedan ejercitar tareas legislativas, en el marco de la formación en democracia.

Este Programa convoca a las escuelas secundarias de la ciudad a presentar propuestas legislativas, las cuales son abordadas posteriormente por los alumnos utilizando las mismas prácticas y carriles parlamentarios que comúnmente transitan los proyectos en el Concejo, para luego participar en una sesión especial donde los estudiantes dan tratamiento a sus iniciativas desde las bancas de los ediles.

En dicha sesión participan del programa estudiantes de varias escuelas secundarias, con proyectos por ellos elaborados que luego presentan al Concejo Deliberante para su tratamiento, o bien con temáticas propias de su interés que son instaladas para su discusión en el ámbito legislativo. Los proyectos son luego derivados a las comisiones legislativas correspondientes, tomando de ese modo formal estado parlamentario y factibilidad de sanción.

Los temas propuestos:

Las temáticas abordadas en la tarea legislativa asumida son diversas. Los jóvenes presentan proyectos de expresión, comunicación u ordenanza. Todas las propuestas están debidamente fundamentadas, acompañadas en la mayoría de los casos por documentación probatoria.

Algunos de los proyectos presentados por los jóvenes estudiantes, han sido los siguientes:

- PROYECTOS DE ORDENANZA:
  - Proyecto de Ordenanza presentado por la Escuela 755, para implementar talleres de reciclado de residuos en las asociaciones vecinales. Proponen que los materiales del reciclado sean utilizados para actividades artesanales en distintas instituciones educativas, como así también en el Centro de Promoción Barrial del barrio en el que se emplaza su escuela.
  - Proyecto de Ordenanza presentado por la Escuela 731, para la prevención y la creación de un Centro Integral de Asistencia a Personas en Riesgo de Suicidio, destinado a adolescentes de entre 12 y 20 años. Explican que estos jóvenes constituyen un grupo vulnerable, con poca tolerancia a las frustraciones, y que actualmente son atendidos sólo en el Hospital Regional de la ciudad, adonde se los medica pero no se los asiste.

- PROYECTOS DE COMUNICACIÓN:
  - Realización de un relevamiento sobre señales viales e implementación de la señalética faltante en las inmediaciones de establecimientos educativos de la ciudad. Los jóvenes explican, con datos estadísticos, el problema de la cantidad de muertes por accidentes de tránsito que ocurren en el país. Abogan por un ordenamiento del tránsito en la ciudad, para que los ciudadanos puedan circular por la vía pública con el menor riesgo posible.
  - Creación de un espacio verde público para la recreación de las fechas conmemorativas de los pueblos originarios. Proponen que estas personas puedan contar con un espacio verde apropiado para poder ejercitar sus prácticas y costumbres, muchas de las cuales se han ido perdiendo. Citan artículos de la Constitución y de la Carta Orgánica Municipal para refrendar estos propósitos. Cuestionan la falta de respeto hacia el Cerro Chenque de la ciudad de Comodoro Rivadavia, patrimonio cultural e histórico, en donde se han trazado caminos y realizado construcciones desconociendo este valor patrimonial. Proponen diferentes términos de origen mapuche/tehuelche para denominar al espacio verde que proponen erigir, explicando su significado.
  - Refacción y remodelación de la Plaza Catamarca de la ciudad de Comodoro Rivadavia, con el compromiso de toda la comunidad

barrial. Los jóvenes explican que éste es el único espacio verde que tiene el Barrio Laprida, y que el mismo se encuentra muy descuidado. Los estudiantes comentan que entrevistaron al 90% de los vecinos, y que la mayoría está dispuesta a ayudar para mejorar la plaza.

- PROYECTOS DE EXPRESIÓN:
  - La iniciativa elaborada por la Escuela 757 respecto a declarar de interés la inserción laboral de las mujeres en la actividad privada. Los jóvenes señalan el problema de la discriminación por género en las empresas privadas, proponiendo investigar esta realidad a partir de la realización de entrevistas a informantes claves, como también del análisis de noticias y avisos de los diarios locales.
  - La necesidad de establecer un acuerdo de precios con el sector privado para los alimentos y los entretenimientos (cine, recitales, actividades culturales, etc.) planteado por alumnos de la Escuela 799, con información y seguimiento del mismo por parte del ejecutivo municipal.
  - La importancia de mejorar y revivir los espacios públicos, por parte de los alumnos del CUP, quienes comentan que muchas plazas están deterioradas y son focos de inseguridad por falta de iluminación y descuido. Observan que estos espacios públicos podrían ser utilizados para eventos culturales, para ferias, para recitales en beneficio, etc. Asimismo, proponen establecer peatonales en algunas calles céntricas de la ciudad durante días y horarios determinados, dado que los días viernes las mismas están saturadas de transeúntes y los jóvenes no tienen espacios para su esparcimiento y tiempo libre.
  - La prioridad de brindar capacitación, asistencia médica y psicológica a jóvenes sin escolaridad, por parte de la Escuela 722. Esto implicaría prevenir hechos de violencia y adicciones. Para ello se requiere contar con mayor cantidad de psicólogos y psicopedagogos en el sector público, observan los estudiantes.
  - La necesidad de elaborar programas de seguridad participativa, para afrontar los problemas de la inseguridad, por parte de la Escuela 743. Los alumnos explican que, dado que su escuela carece de edificio propio, ellos deben acudir a diferentes localizaciones para completar sus materias, lo cual les acarrea serios problemas de seguridad por los horarios a contraturno. Esta dificultad fue señalada como propia por estudiantes de varias instituciones edu-

cativas que tampoco tienen edificio –o bien su escuela no cuenta con gimnasio o con sala de informática, por lo cual deben realizar estas actividades en otros lugares alejados del barrio–.

- La implementación de un módulo de educación vial y de tránsito para escuelas públicas y privadas, por parte del Colegio Perito Moreno. Proponen que se enseñen temáticas concernientes a la educación vial, en forma optativa y extracurricular, y con certificaciones de aprobación que sean consideradas cuando los jóvenes tramiten su licencia para conducir. Participarían de esta actividad el Concejo Deliberante, el municipio y la comunidad en general. Por su parte, los jóvenes de la Escuela 718 comentan que en la escuela primaria de la ciudad de Rada Tilly, esta actividad se viene realizando desde hace algún tiempo.

- La problemática ambiental y de contaminación. Los alumnos de la Escuela 711 analizan varias acciones destinadas a revertir los efectos de los residuos sólidos urbanos y los líquidos cloacales. Describen los alcances de la contaminación ambiental, la proliferación de plagas estacionales y las enfermedades que se tornan habituales en los niños pequeños que viven en las cercanías. Realizan una propuesta de múltiples actividades: recuperación del espacio marino de la Playa del 99 –contaminada desde hace años–, reacondicionamiento de las plantas de tratamiento cloacal; elaboración de nuevos proyectos de ordenanza municipal para regular el tema de la basura; aplicación de sanciones ante el incumplimiento de la ordenanza, etc.

Algunas dificultades de la ciudadanía comodorense y los problemas ambientales, como preocupación de los jóvenes

Durante la hora de preferencia, los jóvenes debaten acerca de los altos costos de vida que existen en la ciudad –cuya canasta básica es altamente superior en su valor a la de otras localidades del país, e incluso de la provincia–, la falta de respuestas de la Oficina de Defensa al Consumidor de la ciudad ante los reclamos de vecinos; las inequidades sociales que aparecen –motivadas entre otros factores, por los salarios distorsivos de los puestos de trabajo del petróleo–; el consumismo excesivo de quienes ganan estos sueldos; la posibilidad de instalación de medidores para el consumo del agua para los ciudadanos, por un lado, y el abuso en la utilización de agua potable por parte de las compañías petroleras que no pagan lo que debieran, por otro; el problema de la contaminación ambiental y la falta de concientización en ciudadanía respecto a arrojar basura donde no está permitido, y el hecho de tener perros sueltos, entre otras problemáticas.

Los jóvenes del Instituto María Auxiliadora solicitan a los ediles la incorporación de un proyecto acerca de la instalación de medidores para la micromedición del consumo del agua potable, con la finalidad de lograr la regulación y el control del recurso en la ciudad. Aclaran en la defensa de su propuesta que no se propicia el encarecimiento del servicio, sino promover una baja en el consumo. Analizan datos estadísticos y critican las desigualdades que se originan con el sistema tarifario. Aluden también a datos de Unicef respecto a la muerte anual en el mundo de 11 millones de personas por falta de agua potable.

Ciudadanía estudiantil y críticas a la escuela

Los jóvenes abordan algunas problemáticas suscitadas en la educación media de la ciudad. Debaten y cuestionan el sistema disciplinario de algunas autoridades educativas, manifestando que las mismas, en ocasiones, sancionan a todo el alumnado por faltas disciplinarias individuales que cometen algunos estudiantes, principalmente vinculadas a problemáticas de violencia. Proponen que existan intermediarios para trabajar los conflictos, abordando en forma prioritaria el tema de la violencia en las escuelas.

Al respecto, una joven efectúa la siguiente crítica:

"...pensar que con la suspensión de una actividad se soluciona un problema... Dan vuelta la cara y nadie se hace cargo de trabajar sobre los problemas de los que constantemente hablan refiriéndose a adolescentes maleducados, violentos; nos preguntamos por qué no hacen algo y nos preguntamos qué función están cumpliendo, porque la educación no sólo es el aprendizaje de una materia sino la concientización y preparación para la toma de responsabilidades."[1]

---

1. Documento: "Sesión especial de estudiantes, enmarcados en el Programa de Extensión Legislativa", Concejo Deliberante de Comodoro Rivadavia, en: http://www.concejocomodoro.gov.ar/archivos/20091005. htm, consultado el 25/02/2013 y en "Los concejales por un día, con una de las sesiones más ricas del año", Diario digital El Patagóni-

Los representantes del Colegio Perito Moreno, por su parte, manifiestan:

"Puede ser que el que es violento lo sea toda su vida, pero hacen falta oportunidades, y es responsabilidad del colegio dar un límite, si cada sector baja los brazos así no llegamos a ningún lado".

Desde estas expresiones, reclaman sus derechos de ciudadanía como jóvenes estudiantes. Critican, cuestionan, interpelan y señalan con claridad la existencia de decisiones autoritarias e injustas, basadas en una relación de dominio. Pues, como lo expresa M. Foucault (1994), hay que distinguir las relaciones de poder —como juegos estratégicos entre libertades, mediante los cuales unos pretenden determinar el comportamiento de otros, quienes a su vez les responden intentando no dejarse determinar su conducta o intentando determinar en retorno la conducta de los otros— de los estados de dominación. Entre ambos —juegos de poder y estados de dominación— están las tecnologías gubernamentales, las formas como se manejan las instituciones.

Las escuelas tienen que garantizar a los jóvenes la posibilidad de escapar de cualquier forma discrecional de dominio, para que puedan pensar por sí mismos.

---

co Net, en: http://www.elpatagonico.net/nota/59055/. Consultado el 22/08/2014

CAPITULO 3

Enseñar, transmitir, dar lugar a la palabra

Josefa Belcastro y Silvia Coicaud

Iniciamos con algunas definiciones que nos permiten situar nuestra perspectiva sobre la enseñanza y la transmisión. Por una parte creemos importante que se desnaturalice a la enseñanza como una actividad que realizan los que tienen "vocación" y que no requiere más que voluntad y dedicación para su ejercicio. Por otra, resulta imprescindible situar la enseñanza en el marco socioeducativo en el cual se desarrolla, pues sólo cobra sentido si se articula con un orden social basado en la igualdad como punto de partida –y no como punto de llegada–. Igualdad que debe constituir un presupuesto básico a partir del cual se establece la acción pedagógica, igualdad que, según Rancière, es siempre de la inteligencia, entendida ésta como "ser capaz de" o tener "aptitud para" (hablar, entender).

Esto implica un fuerte compromiso por parte de los docentes, quienes asumiendo el rol de intelectuales transformadores, promueven las condiciones necesarias para que los jóvenes aprendan, analizando y reformulando sus prácticas para adecuarlas a las necesidades propias de cada contexto. El enseñar y el aprender requieren, por lo tanto, de una profunda relación con el contexto.

Enseñar conlleva a introducir a las personas en un universo cultural. Es docente

"...quien fuerza la voluntad del otro, quien enfrenta a la inteligencia del otro con cierto problema, quien sostiene la decisión 'emancipadora', quien se afirma en su disposición, como recurso del proceso de aprendizaje mismo (...) el emancipado, reencontrado con la potencia de su inteligencia, podrá relacionar sus saberes –por mínimos que sean– con todo lo demás. La potencia del pensamiento es también la fábrica de los saberes y la condición de adquisición de todo conocimiento" (Gago y Sztulwark, 2011, pp. 220-221).

Meirieu (1998) insiste en la necesidad de apostar que todos los jóvenes pueden ser logros, y confía para ello plenamente en la educación. Es enfático en afirmar que nadie puede jamás decir de alguien que no es inteligente, o que no hará nada. Porque nadie puede saber si se probaron todos los medios y todos los métodos de enseñanza, y si generaron las condiciones apropiadas para que el otro pueda aprender. Investigaciones en el campo de la psicología social se refieren al efecto expectativa. La imagen que nos formamos de alguien suele influir en su comportamiento, y en educación este "halo" muchas veces determina el tipo de aprendizaje, produciéndose profecías autocumplidas (Rosenthal y Jacobson, 1980) tanto en el caso de aquellos estudiantes que son considerados "buenos alumnos", como también en el caso contrario, cuando los docentes piensan que son "malos alumnos" y los tratan como tales, obteniendo en consecuencia magros resultados de aprendizaje.

Desde esta concepción, es importante que los docentes analicen sus propias representaciones acerca de los estudiantes, y cómo las mismas influyen en la relación que establecen con ellos. La posibilidad de educabilidad es lo que permite a los docentes centrarse en la relación sujeto-mundo humano, construyendo ambientes de aprendizaje apropiados para que todos los jóvenes ingresen al universo de la cultura y permanezcan en él, apropiándose de sus interrogantes e incorporando los saberes acuñados por la humanidad, para dar también sus propias respuestas.

La enseñanza y el aprendizaje son procesos diferentes, pero relacionados. Su vinculación no es de causa-efecto, sino ontológica. El sentido y la significación de la enseñanza está dado en el hecho de que otros aprendan, pero puede haber intención de enseñanza sin aprendizaje, y aprendizaje sin enseñanza. "Aprender es siempre tomar información del entorno en función de un proyecto personal (…) Aprender, en el fondo, es hacerse obra de uno mismo" (Meirieu, 1998, pp. 76-80). Para que el aprendizaje se produzca en las instituciones educativas, es importante que los estudiantes se asuman como tales, se responsabilicen por las tareas encomendadas y realicen las actividades escolares desde sus propios proyectos de vida. Es responsabilidad primordial de los docentes generar las condiciones necesarias y las intervenciones pertinentes que posibiliten a los alumnos efectuar las tareas del aprendizaje, en un contexto socioinstitucional y psicológico apropiado. Las intervenciones implican seleccionar y elaborar de manera intencional contenidos de enseñanza, estrategias y recursos diversos, para promover el aprendizaje de los estudiantes. Esto permite acortar las distancias que existen entre las aspiraciones educativas de los docentes y las condiciones de la realidad.

Las intenciones se basan en la posibilidad de crear una cultura de prácticas de enseñanza que privilegien el pensar en el aula. Litwin la denomina "clase reflexiva": clases que promuevan la reflexión en los alumnos y que acompañen el proceso reflexivo del docente. Esto significa que no se puede entender a la enseñanza como un mero "tratamiento", sino como una búsqueda compartida de construcciones con los estudiantes. La enseñanza no es "algo que se hace a alguien" prediciendo resultados, sino un proceso complejo en el que interjuegan una multiplicidad de voces, desde expectativas interconstruidas por todos los actores que participan en ella (Litwin, 1997, pp. 84-95).

Si reconocemos esta multiplicidad de voces no podemos pensar a la enseñanza como un hecho mecánico que comienza en un sujeto y culmina en quien reproduce lo transmitido. Hay experiencias que no se pueden transmitir, es imposible una enseñanza total, hay felices fallidos en una enseñanza, pero a la vez es indispensable el intento de enseñanza, sin el cual no hay lazo social ni sujeto. Lo que se transmite se transforma en algunos aspectos, otros pasan y quedan intactos, y hay cuestiones que se pierden. Lo incompleto y lo inacabado permanentemente se harán presentes en el intento de construir una figura única de la enseñanza, a la que habrá que renunciar. La enseñanza es una ilusión necesaria al ser y al ser con otros, y a las instituciones como encargadas de sostener esa ilusión esencial. Esto hace al corazón de la problemática educativa (que como sabemos excede a lo escolar) y se encuentra en el centro de la vida y del tejido social, en tanto condición de construcción, inscripción e identidad cultural (Frigerio, 2004c).

Entre los actores que intervienen en los procesos de enseñanza y de aprendizaje se lleva a cabo la posibilidad identificatoria, siendo siempre inconclusa la producción de la identidad. Lo inconcluso no debe ser entendido como déficit, sino como la renuncia a la pretensión totalitaria de que todo sería transmisible y todo sería resignificado. Pensar la enseñanza sin intersticios sería confundirla con la omnipotencia. Esto no significa negar que en toda enseñanza pueda ofrecerse aun aquello que no se tiene. Es en este ofrecimiento de lo que no se posee, en este sostener lo que no se es, donde la enseñanza se lleva a cabo. En la enseñanza alguien cree que el otro es lo que el otro no es, alguien elige un destinatario allí donde no hay nadie o donde hay un hueco, alguien elige que otro puede. El Alguien desea dar algo a otro. Pero, cada uno necesita hacer propio lo que se considera objeto y medio de transmisión (Frigerio, 2004a, pp, 15-18).

Enseñar es confiar en el otro

Significamos la enseñanza como un trabajo político que interviene en la vida social, sostenido en el deseo de la posibilidad de un proyecto a futuro. Pensar en la construcción de un futuro supone enseñar para constituir a un sujeto de la palabra desde el lazo social que sostiene a las instituciones educativas. Un sujeto a quien se le reconoce la posibilidad de aprender a partir del reconocimiento recíproco: el otro puede imaginar, hablar, narrar, expresarse. Por lo tanto, este otro, no reproducirá aquello que le ofrezcamos, porque puede decidir sobre sus modos de ser y de estar en el mundo.

Por ello es necesario plantearnos la responsabilidad ética de la enseñanza: ¿cuáles son los espacios destinados a que quien aprende logre poner palabras?, ¿cuáles son sus contenidos?, ¿cuáles son las consecuencias de nuestras palabras sobre los otros?, ¿qué transmitimos de nuestra herencia respecto a la ciudadanía?, ¿por qué lo transmitimos de una manera, por qué dejamos de lado determinados aspectos? Estas preguntas nos hacen tomar conciencia de la función del campo social en el devenir de los procesos de constitución subjetiva de las nuevas generaciones. Nuestra tarea está destinada a hacer lugar a los nuevos desde lo que somos, desde un pasado, en un presente, para ir hacia el futuro. Los nuevos no tendrán lugar si no permitimos que reinventen eso que transmitimos (Frigerio, 2004b, pp, 35-36).

Entonces, el educar para la subjetivación política implica salirse de la explicación que ordena para pasar a la implicación de los sujetos, del pedido de obediencia al reconocimiento del otro, del control a la confianza instituyente.

Expresa Cornú (1999), desde una perspectiva política, que la confianza es constitutiva de la relación pedagógica. Es una actitud que concierne al futuro, en la medida en que este futuro depende de la acción de otro. Es una especie de apuesta que consiste en no inquietarse por el no control del otro y del tiempo. Esta idea adquiere sentido en una perspectiva emancipadora, ligada a la finalidad de la educación en la democracia.

La confianza y la desconfianza vehiculizan la idea del otro que se pone en juego. No es porque el otro es bueno o es malo, es porque uno cree que es bueno o es malo, que va a transformase en bueno o malo y esto es decisivo en la relación pedagógica. Confianza o desconfianza no pertenecen a los individuos, sino que se producen entre individuos.

Si bien la relación pedagógica supone una asimetría, la confianza tiene por objeto reducirla. En esta relación, tener autoridad es a la vez garantizar y hacer crecer, aumentar. La autoridad es aquello que permite a aquellos que son menores, crecer. Esto lleva al adulto a renunciar a la omnipotencia, a transferir el poder.

La confianza es del orden de aquello que no se puede imponer o exigir. Nadie puede obligar al otro a tener confianza. La confianza ocurre porque están presentes ciertos aspectos. El primero, las palabras justas que uno transmite al otro y que forman parte del tesoro común de la cultura. Es esto lo que puede darnos confianza frente a los alumnos. Segundo, juzgar en todos los momentos de la clase aquello que puede ser justo o injusto, protegiendo de la tiranía de la mayoría. Se trata de sentir confianza con y en la ley. Y tercero, depositar verdadera confianza en los alumnos, ofreciendo hospitalidad a los recién llegados.

"Ellos" y "nosotros". La estigmatización y el pasaje a contextos ajenos

Las experiencias relatadas por los docentes acerca de las actividades educativas realizadas en las instituciones educativas, referenciaron el claro propósito de docentes y coordinadores por establecer una práctica pedagógica que promoviera vínculos entre jóvenes pertenecientes a distintas escuelas y barrios de la ciudad. Estas acciones no resultaron fáciles de implementar, pues los temores, prejuicios y desconfianza que muchos jóvenes sentían respecto a otras escuelas ubicadas en lugares diferentes a los propios, generaban una actitud negativa. En el encuentro con el otro se juega el porqué de la diferencia.

Para comprender las dificultades que se producen en el encuentro con el otro considerado diferente podemos recurrir a diversas teorías. Por una parte, es importante diferenciar los conceptos de diversidad y desigualdad. La diversidad es inherente y constitutiva de las sociedades –aunque muchas veces se intenta reducirla, naturalizarla o eliminarla con formas violentas– mientras que la desigualdad es consecuencia de procesos históricos de sometimiento, apropiación, expropiación y antagonismo social, a partir de accesos diferenciados a los bienes materiales y simbólicos. Cuando una sociedad se conforma desatendiendo los problemas de la desigualdad, se origina la polarización de un "nosotros" muy distante de un "ellos".

Desde otras teorías, que se han esgrimido para explicar las conductas de las personas en relación con los contextos y formas de vida, Giddens por ejemplo, habla de la "conciencia práctica", que implica entender las reglas a través de las cuales se constituye y reconstituye la vida social, en el tiempo y en el espacio. Las circunstancias que influyen en la forma como los actores sociales adquieren conciencia acerca de los modos de reproducción sistémica tienen que ver, entre otros factores, con los medios de acceso al conocimiento que los sujetos tienen a partir de su condición social; las creencias, que ordenan y articulan los saberes de la vida cotidiana con otros discursos; la validez que se le otorga a ciertos conocimientos; y también la influencia de las tecnologías de la comunicación (Giddens, 2005).

Entonces, reconocer el papel que le cabe a la conciencia que se construye en la praxis, de la inteligencia que se inventa y se reinventa a sí misma, es un proceso de interacción permanente con el otro. El trabajo sobre los motivos que subyacen a la negativa para el encuentro con lo considerado diferente posibilita superar concepciones mecanicistas e ingenuas acerca del orden social como dado e inexorable. Este es un propósito ineludible para los docentes que pretenden formar a los jóvenes en una ciudadanía crítica.

Otra posición nos muestra cómo la profundización de la globalización y del acceso a la información en los países latinoamericanos, las migraciones, la transterritorialidad y la necesidad de reforzar las identidades culturales, han sido factores constitutivos de la organización personal, social y política. Los nuevos modos instaurados en la producción han fomentado mayores procesos de exclusión y de desigualdad social. Se profundiza la separación entre el "nosotros" y el "ellos".

Bauman (2006) plantea que el "nosotros" manifiesta el deseo de ser similar, como un modo de evitar la necesidad de ver más profundamente a los demás. Las fronteras que dividen el nosotros de los otros son muy visibles, y las diferencias generan ajenidad y hostilidad. Cuando hay "otros" que son más otro que otros, éstos se expulsan, porque se consideran extranjeros. Las decisiones por mantener a distancia al otro diferente y extraño, y de excluirlo de la comunicación y el compromiso mutuo, surgen como respuesta a la fragilidad de los vínculos sociales y a la incertidumbre existencial.

Pero en el "sentido común" de las clases subalternas subyace un todo contradictorio, dado que coexisten nociones desarticuladas, incoherentes y disgregadas, pues si bien las experiencias idiosincráticas de sus vidas lleva a las conciencias a establecer una separación entre "ellos" y "nosotros", ese todo contradictorio no es algo totalmente rígido a pesar de su conservadurismo e incoherencia, sino que se puede transformar y enriquecer con saberes científicos y nociones filosóficas que penetran en las costumbres y creencias. Por ello, el sentido común en ocasiones produce distanciamiento de sus propios intereses individuales y colectivos, mientras que en otros momentos logra identificar saberes y acciones beneficiosas. Esto va a depender de que los juicios, las decisiones y los comportamientos sean guiados por elementos del núcleo o de la hegemonía, pues la dirección de los movimientos históricos es en gran parte consecuencia de la preeminencia de unos u otros elementos en la constitución del sentido común de las personas (Gramsci, 1972).

Aquí cabe reflexionar acerca del "pluralismo", el cual –como lo planteábamos anteriormente– puede concebirse desde una problemática que instale a los agentes sociales a partir de la articulación de un conjunto de posiciones del sujeto. Esta articulación surge en el marco de discursos específicos, pero es siempre temporal, inestable y contingente respecto a las intersecciones que asumen los posicionamientos del sujeto. Es necesario dejar de lado la idea del sujeto unitario, pues la misma resulta reduccionista y esencialista. La construcción de la identidad es precaria y ambivalente, como también lo son el carácter constitutivo de las divisiones sociales y el antagonismo.

La volatilidad de las identidades constituye el desafío que deben enfrentar los residentes de la "modernidad líquida", lo cual implica el difícil arte de tener que aprender a vivir con las diferencias, o bien de producir las condiciones que harían innecesario este tipo de aprendizaje (Bauman, 2006).

En la investigación realizada, pudimos observar que todas las propuestas pedagógicas analizadas mostraron con claridad la intención de los responsables docentes por reducir las brechas sociales existentes entre los jóvenes, tendiendo puentes entre culturas juveniles diferentes y de sentido común a partir de un diálogo sostenido y de acciones comprometidas. La narración de algunas de estas experiencias así lo testimonian. Uno de los talleristas de los CAJ, comenta:

"…el año pasado pudimos desarrollar cinco muestras, cinco nosotros y una en común en la plaza con los otros CAJ. Tres de teatro de sombras y las otras de música y tango. Lo de teatro… lo nuestro también tiene que ver con la cuestión de ciudadanía y la participación, ¿viste? Como yo trabajo en el barrio San Martín y no hay CAJ, yo comenté que iba a haber un taller. Y me traje diez chicos del San Martín. Y después resultaron diez del San Martín y siete de la escuela […] Entonces yo pensé que teníamos que cerrar el encuentro en San Martín, y cerramos… San Martín es muy particular, por el hecho de los chicos… la autoestima, la marginalidad, el estigma. Viene un pibe y me dice: '¿Ud. es responsable de esto?' Un pibe de San Martín [me dice] 'Lo felicito'. Es un chico que a mí me sorprendió; que venga y me diga eso. Yo creo que en esas cosas uno ve cuál es el efecto de lo que produce, de lo que genera. Es bastante fuerte…".

Por su parte, la integrante del equipo técnico jurisdiccional de los CAJ (a cargo de la Región V y VI del Ministerio de Educación de la Provincia de Chubut, con funciones de coordinación) plantea:

"…queríamos hacer una actividad todos juntos para que los chicos se conocieran de los distintos barrios, distintos lugares y demás, y nos pasó que chicos de zona sur nunca habían venido a zona norte, no habían venido en colectivo porque no los querían, porque eran de… [club de fútbol] porque no sé qué, pero nunca habían venido. Entonces, respetar sí lo que ellos están planteando, pero ver la posibilidad de extender un poco más, porque si no, los dejás en el lugar de siempre, y ahí van a quedar. Te pongo el caso del viaje, pero que tiene que ver con la cumbia, que tiene que ver con el gusto, con montón de otras cosas, entonces es respetar eso pero ver de ampliar, y eso es el acuerdo que igual hacemos con ellos".

Comenta también que, si bien al principio en el grupo de los chicos del CAJ se parte de lo que ellos proponen hacer, paulatinamente se los va orientando para extender los propósitos de formación. Explica que ellos, los responsables del desarrollo de los CAJ, quieren ampliar el horizonte, más allá de lo que los jóvenes planteen como posibilidad para trabajar. Se preguntaba y les preguntaba a los jóvenes si sólo querían escuchar la música "cumbiera" de su preferencia, o si consideraban que podían hacer algo más, emprender otras actividades significativas.

La experiencia relatada fue vivenciada de este modo por una mamá y su hija:

Mamá: *"... hicieron como que se visiten, pero costó. Pero también los papás... está todo bien, pero cuando el nene tiene que ir a la otra punta de Comodoro (...) Lo tuvieron que hacer. Tanto de aquel lado, irse a zona norte y de allá también irse, a trasladarse hasta otra escuela, respetar por ejemplo... tuvieron que estar en el acto. ¿Te acordás? Encima te equivocaste [de transporte] y te bajaste re-lejos..."*

Hija: *"... no estaba segura, porque no estoy acostumbrada a manejarme en esas zonas [...] A todos les pasaba que no encontraban la escuela y nadie quería ir a otra escuela. Fuimos para allá, y a todos le daba cosa... Se nota que es distinto el ambiente. Y ¡cómo estaba descuidada la escuela! Tenía todo el cerco roto. Estaba todo lleno de cascotes, matas. Ya te daba cosa entrar (...) Entramos, a todos les costó entrar, todos se querían ir. Pero después la muestra era muy linda. Por ahí el lugar era muy feo pero... los trabajos que habían presentado eran muy lindos... había una orquesta de chicos, había de todo, había nenes como de 4 años tocando el violín. A mí me gustó mucho. Se presentaron, tocaron música de película. Estuvo el CAJ. Otros chicos trajeron sus instrumentos nomás y los dejaron tocar".*

En el relato de la madre y de su hija se expresa una resistencia inicial y temores por transitar y concurrir a contextos barriales ajenos y poco familiares. Se manifiestan las dificultades que surgen al tener que recorrer un territorio diferente y desconocido, y las primeras malas impresiones del espacio ajeno. Sin embargo, los jóvenes lograron superar estos miedos, a partir de la propuesta organizada por los talleristas, orientada a compartir y participar de la muestra de intercambio de los diversos CAJ radicados en distintas escuelas de la ciudad.

En el encuentro con el otro, la adolescente valora positivamente las producciones presentadas por los jóvenes de la escuela visitada. Se podría decir que se contribuye de este modo a reducir las distancias entre "ellos" y "nosotros" instauradas por brechas sociales y culturales, a partir de la generación de un espacio de encuentro pluralista entre jóvenes de diferentes sectores de la ciudad.

Los testimonios de los alumnos del CUP respecto a los proyectos en los que participaron, demuestran también la conciencia crítica de estos estudiantes acerca de la importancia de vincularse comprometidamente con otros jóvenes con capacidades diferentes para enseñarles formas de expresión, aprendiendo mucho de ellos:

"Más que todo nosotros queríamos que los chicos aprendan a expresarse ... chicos con capacidades diferentes [...] un profesor te enseña a dibujar, pero no es lo mismo que un chico de nuestra edad les enseñe a ellos otras maneras diferentes de expresarse, y nosotros fuimos con esa idea, y bueno, después al pasar el tiempo con ellos… fuimos aprendiendo un montón de cosas con ellos, aparte de que les enseñábamos, nosotros también aprendíamos… pensábamos que con ellos íbamos a tener dificultades, y sí, las tuvimos, porque eran chicos con capacidades diferentes, pero no hubo una pared con la cual nos chocamos, sino que trabajamos un montón de cosas diferentes. [...] lo que les enseñamos les sirvió bastante, y eso nos gustó".

Desde estas expresiones se infiere que los estudiantes asumen el punto de vista del "otro concreto", lo cual exige que se considere a todo sujeto como portador de una historia, una identidad y una constitución afectivo-emocional concreta. Implica abstraerse de los aspectos comunes para intentar comprender la naturaleza distinta del otro, sus necesidades, sus motivaciones, lo que anhelan, lo que buscan.

Para que las instituciones educativas se conviertan en espacios plurales capaces de reconocer las capacidades individuales y colectivas –comprometiéndose además en generar nuevas formas de ciudadanía democrática– es preciso renunciar a la irreductibilidad de un sólo esquema de pensamiento que pretenda unificar historias y experiencias, pues no hay una representación privilegiada de la realidad, sino una multiplicidad de representaciones a través de las cuales se revierte cualquier lógica reduccionista. Hay que renunciar también a un discurso que presente e instaure como unívoco al conocimiento racional, o a la narración histórica entendida como progreso y desarrollo permanente.

La ciudadanía, desde sus complejas relaciones, refiere a tensiones, a prácticas conflictivas que se generan respecto a quiénes son los actores que pueden decidir, validar y afrontar los problemas comunes.

Implica asumir posicionamientos de hibridación y de negación de los fundamentalismos de todo tipo, pues no existe relato ni autoridad alguna relacionada con las diferentes etnias, culturas, géneros, clases sociales, religiones, etc., que representen la verdad absoluta, o que tengan todas las respuestas y las explicaciones. Es preciso dar lugar entonces a los mestizajes, las identidades múltiples, las imbricaciones y los diversos atravesamientos.

Las instituciones educativas deben erigirse, por lo tanto, en lugares para la comunicación y el intercambio, otorgándole importancia a las habilidades para expresarse en forma oral y escrita de los jóvenes, como así también a la comprensión plena de los mensajes en todos sus formatos. El "otro" no logra ser percibido y reconocido simplemente por actos de fraternidad, sino por la comprensión sustancial acerca de lo que dice, lo que piensa, lo que hace y lo que siente. Pero para ello hay que poder conversar con él, desde diálogos profundos y sostenidos. Las escuelas tienen que alojar la palabra de los alumnos, propiciar el desarrollo de habilidades para que los chicos aprendan a comprender, analizar, interpretar, argumentar y contraargumentar, para ser capaces de conectarse con otros, lo cual constituye una condición básica para la vida humana en común.

CAPITULO 4

La complejidad del curriculum como proyecto educativo

Silvia Coicaud y Lucrecia Falón

El curriculum constituye el proyecto político educativo primordial de las sociedades alfabetizadas, pues da cuenta de una tradición selectiva de contenidos culturales que conforman una propuesta político-educativa. Las polémicas en torno al curriculum se prolongan e intensifican a lo largo de la historia, a partir de visiones diferentes y muchas veces opuestas acerca de lo que vale la pena ser enseñado y aprendido. El diseño y desarrollo del curriculum es de índole político, pues en estos procesos se entrecruzan intereses diversos provenientes de grupos hegemónicos y contrahegemónicos, siendo el campo del curriculum un campo complejo y multireferenciado. Sus alcances y propósitos como propuesta educativa deben interpretarse en el marco de los proyectos que las sociedades elaboran en determinados contextos.

Wittgenstein (1988) habla de los múltiples "juegos del lenguaje" que siempre intervienen en la legitimación o deslegitimación de los saberes, como una madeja que entrecruza significantes diversos. De este modo, en el curriculum se configuran distintas miradas desde los discursos interconstruidos, a partir de las múltiples cosmovisiones, complejas y muchas veces contradictorias, en torno a su sentido. Por ello el curriculum suele transformarse en un significante flotante[1] en muchas instituciones educativas, y en la educación secundaria adquiere diferentes connotaciones según se inscriba en determinados discursos y prácticas educativas. No

---

1. Un significante flotante tiene diferentes cargas de significación en los distintos discursos en que se presenta. Ante una crisis, estas cargas de significación se diluyen, se pierden, solapan o traspasan a otros discursos.

es lo mismo lo que entienden por curriculum los docentes que trabajan en el ámbito formal propio de la escuela, a quienes se les presenta un diseño curricular para el nivel y ciertas normativas, que la concepción que tienen los docentes que abordan prácticas educativas no formales en contextos de marginalidad y fragmentación social, por ejemplo. Los significados de los significantes flotantes a veces resultan contradictorios, y esto genera incertidumbre en los actores implicados.

Las reformas curriculares y las propuestas innovadoras en la educación entrañan conflictos y tensiones entre los discursos pedagógicos, y en los campos de recontextualización oficial e institucional. El entramado simbólico que se genera en estos procesos, conlleva a la necesidad de analizar, entre otras problemáticas, las condiciones subjetivas, los intereses individuales y grupales, las prácticas dominantes y alternativas, y los niveles de significación que existen en la institución. Por ejemplo, los programas educativos no formales tendientes a lograr una mayor inclusión social entre los jóvenes pretenden, entre otros propósitos, que los docentes convocados para su desarrollo puedan apropiarse de otro tipo de prácticas pedagógicas, diferentes a las prácticas institucionalizadas. Sin embargo, la desestructuración de las prácticas docentes habituales suele sentirse como una amenaza de pérdida de los lazos de identificación con los referentes previos. Es necesario develar la red de relaciones que se genera entre los discursos, las prácticas y los actores implicados, para conocer los principios constituyentes de las culturas institucionales, como así también las subjetividades intervinientes en las formas de construcción de la identidad de los docentes.

Para que los programas educativos innovadores puedan llevarse a cabo, resulta fundamental que los docentes "cedan" una parte de la identidad diferencial que conforma su profesión en la institución, para que de esta manera se logre articular la lógica de las nuevas propuestas pedagógicas con la de las prácticas hegemónicas existentes, vinculando así las múltiples expresiones y acciones que se manifiestan a modo de "orden-desorden" (De Alba, 2006). Tal como lo explica Díaz Villa: "si la cultura de los profesores debe hacer parte de una reforma, la cultura de una reforma debe, primero, hacer parte de la conciencia de los profesores" (Díaz Villa, 2007, p. 89).

Stenhouse (1987) entiende que el curriculum constituye un intento por parte de los docentes de comunicar los principios y las características esenciales de sus propuestas educativas, con posibilidades ciertas de que las mismas puedan ser llevadas a la práctica. Esto implica que el curriculum se convierte en una hipótesis de trabajo para los educadores, un proyecto que se pone a prueba, una propuesta que se abre al escrutinio crítico para que pueda mejorarse. Este planteo enfatiza la idea de que toda propuesta necesita ser experimentada en clase, pues el curriculum no debe concebirse como un "paquete" que puede ser entregado en cualquier lugar. No existe el curriculum "a prueba de los docentes", ni tampoco existe el curriculum "a prueba de los estudiantes". En todo proceso que implique niveles de elaboración curricular intervienen las percepciones, ideas, creencias y expectativas de docentes, estudiantes y directivos.

Las cuestiones que definen las decisiones curriculares ponen de manifiesto aspectos particulares que dependen de cada contexto, y aspectos más generales que se relacionan con las temáticas propias del curriculum, a partir de marcos referenciales en los que intervienen componentes epistemológicos, éticos, psicológicos, didácticos, sociopolíticos y culturales, entre otros. Algunas de las preguntas centrales sobre las que resulta preciso reflexionar, son las siguientes:

¿Cuáles son los conocimientos y las experiencias más pertinentes y relevantes que deberían transmitirse? Este interrogante ha sido una preocupación básica en las discusiones por las que ha atravesado el campo del curriculum. Su dilucidación implica la discusión acerca de complejas concepciones epistemológicas respecto del conocimiento, el problema acerca de la tradición selectiva respecto a qué conocimientos la sociedad considera relevantes, como así también de los aspectos éticos y los juicios de valor que interjuegan en los modos de construirlos y transmitirlos en las instituciones educativas.

¿Cómo se relacionan los conocimientos del curriculum prescripto con los que poseen los estudiantes? Una idea errónea pero común es creer que los conocimientos constituyen una entidad, un conjunto objetivo que puede determinarse "a priori" y verificarse independientemente de quienes tienen que adquirirlos. Sin embargo, las investigaciones en el campo de la psicología del aprendizaje dan cuenta de que el conocimiento se construye de modo interpersonal e intrapersonal. Desde esta postura, resulta fundamental considerar los conocimientos previos de los estudiantes, su biografía escolar, sus capacidades, trayectorias, expectativas y experiencias de vida.

¿Qué tipo de prácticas socioeducativas son importantes para propiciar las experiencias de aprendizaje previstas en un diseño curricular? Cualquier propuesta curricular que se elabore y se desarrolle en las escuelas afectará las relaciones humanas y sociales en el aula. La promoción de actividades sólo individuales o la organización de experiencias compartidas en las clases, el fomento de la competitividad o de la colaboración entre los alumnos, por ejemplo, implican decisiones que no son neutrales a la hora de discernir la naturaleza del conocimiento, las diferencias sociales y la responsabilidad de las instituciones.

¿Cómo influyen los contextos sociales, políticos e institucionales en las experiencias curriculares de los estudiantes? La diversidad de culturas, de lenguajes, de géneros e identidades sexuales, de etnias y clases sociales forma parte de nuestra realidad. Las propuestas curriculares tienen lugar en instituciones educativas que se conforman como cajas de resonancia de los complejos contextos en los que vivimos. Pero a su vez, el curriculum influye en los mismos. Resulta fundamental desentrañar estas interrelaciones, analizando las particularidades de los distintos grupos sociales y culturales, sus valores, creencias, necesidades y prioridades, para que el curriculum se constituya en una construcción democrática e inclusiva.

¿Cómo se expresan –explícita o implícitamente– los valores acerca de la democracia en el curriculum? Los proyectos curriculares abordan una serie de contenidos y de propuestas didácticas que se relacionan directamente con las posibilidades de participación democrática de los estudiantes, lo cual trasunta en las concepciones acerca del conocimiento, en el tipo de relaciones que se establecen entre docentes, autoridades y alumnos, en las formas de evaluación, en los modos de convivencia, en el tratamiento que se realiza acerca de los problemas sociales, etc. Existen muchos conceptos de democracia, y algunos son sólo slogans que funcionan como discursos, ocultando prácticas autoritarias. Es imprescindible analizar esta categoría, como así también las prácticas curriculares que tienen lugar en la escuela.

¿Qué imágenes tienen los estudiantes acerca de su futuro –económico, político y social– y cómo influye el curriculum en este futuro? Las prácticas cotidianas de los docentes no pueden desatender las verdaderas preocupaciones de los estudiantes acerca de la realidad en la que viven, y del mundo al que aspiran. La educación tiene como propósito fundamental mejorar la calidad de vida de las personas. Por ello, las propuestas curriculares deben generar experiencias de aprendizaje de calidad, seleccionando contenidos valiosos y propiciando buenas estrategias de enseñanza (Beyer y Liston, 2001)

Díaz Barriga (2003) plantea que el campo del curriculum atraviesa tensiones entre las necesidades institucionales, por un lado, y las diferentes perspectivas de investigadores y académicos, por el otro. Es necesario distinguir curriculum de disciplina curricular, pues el primero concita una serie de adjetivaciones, hasta el punto de que pareciera estar ausente de significados. Cuando se habla de la disciplina, en cambio, se hace referencia al campo del curriculum, el cual expresa teorías educativas que surgieron a principios del siglo XX con los procesos de industrialización. Desde entonces, el campo del curriculum se fue construyendo desde saberes multidisciplinarios. Según el autor, podría afirmarse que existen ahora dos comunidades académicas diferenciadas: los que consideran que la problemática curricular surgió para la selección y organización de contenidos requeridos por la sociedad –y miran con escepticismo al curriculum en la vida cotidiana– y quienes desde otra postura descubren la riqueza de la vida escolar y buscan modelos de conceptualización, aunque a veces sin lograrlo.

Por su parte, Contreras Domingo (1990) postula que con el curriculum hay que aprender, no obedecer. Con una visión crítica acerca de las reformas curriculares impuestas de "arriba hacia abajo", dice que con ellas hemos ido del "Estado al supermercado", pues éstas han propiciado fundamentalmente la burocratización y la apertura de mercados de materiales curriculares y de libros de texto. Resulta necesario establecer más agencias educativas y menos agencias comerciales.

Enfoques teóricos acerca del curriculum educativo

Durante siglos, la acumulación y transmisión de conocimientos organizados de un modo unívoco constituyó la ideología dominante del curriculum educativo. El propósito era instruir en saberes considerados como verdades acabadas, acuñados por el mundo del intelecto. La "academia escolar" fue el modelo de este curriculum tradicionalista. Los primeros documentos curriculares revelan la importancia que se les daba a parámetros de comportamiento social y moral. Lograr una dicción perfecta, conductas refinadas, diligencia y valoración del éxito individual, por ejemplo, constituían propósitos de los curricula de fines del siglo diecinueve. La psicología de las facultades propugnaba el disciplinamiento mental, siendo el recitado memorístico de contenidos de religión, filosofía y literatura clásica un método recurrente. Una sumatoria rígida de exigencias académicas caracterizaba a este enfoque, a partir de una cultura credencialista.

La ideología de la "eficiencia social" fue otro modelo teórico en el que se sustentó el curriculum educativo. El propósito era entrenar a la juventud para su contribución futura como fuerza productiva de la sociedad, con el fin de perpetuar el funcionamiento de la misma. Para ello, se buscaba reforzar las conductas de los alumnos mediante estímulos que las condicionaban, a través de técnicas ideadas por expertos que los docentes debían aplicar rigurosamente. En las primeras décadas del siglo XX, en el ámbito de la educación norteamericana, Bobbit en 1918 y luego Charter en 1924 desplazan la problemática de la experiencia escolar para centrarse en prescripciones estandarizadas a través de la definición formal de los contenidos a enseñar. El enfoque industrial enfatizaba la formación para el empleo, desde una preocupación por la eficacia y la eficiencia. El curriculum era un instrumento burocrático, ahistórico y desideologizado, basado en una racionalidad tecnocrática que consideraba a los alumnos como "clientes" a los que se debía instruir eficientemente. No había lugar para la reflexión personal, el cuestionamiento o la crítica. En su análisis acerca del desarrollo del campo curricular en los Estados Unidos, Beyer y Liston (2001) explican que lo que se pretendía a mediados del siglo veinte era controlar a la gran masa de inmigrantes en ese país, instruyéndolos como fuerza de trabajo. Se veía con preocupación a los inmigrantes, como una amenaza cierta a los valores de la cultura americana. El curriculum debía servir para culturalizar a esas grandes masas de gente extraña, logrando de este modo la estabilidad social y económica. Las instituciones educativas debían funcionar como "fábricas escolares" para producir mano de obra estratificada en una sociedad capitalista, imponiendo el orden establecido. El desafío era lograr un curriculum diferenciado, conservando la apariencia de la meritocracia pero sin provocar la oposición de la clase obrera. Los "test de inteligencia" fueron un instrumento sumamente útil para obtener estos propósitos, clasificando a la población desde supuestos fundamentos científicos. Desde una concepción taylorista –término derivado del nombre del estadounidense Frederick Taylor, quien en 1911 escribió un libro que hace referencia a los procesos de producción, basados en un modelo fabril de división del trabajo, individualismo y eficiencia– se buscaba evitar el despilfarro en la educación, definiendo estrictamente los objetivos del aprendizaje y las tareas para alcanzarlos. Este enfoque conservador y administrativo del curriculum no ha sido totalmente superado. Los movimientos de reforma curricular que propugnan una "vuelta a lo básico", reforzando sólo algunas disciplinas –matemática y lengua– en detrimento de otras, son un ejemplo de ello.

Angulo Rasco y Blanco (1994) plantean que en esta concepción academicista del curriculum como "contenido", puede entenderse como contenido a la educación, a las disciplinas o a la materia de aprendizaje. Cuando se lo enfoca sólo como "resultados de aprendizaje" se sustraen las referencias al proceso y a los problemas de la selección cultural, lo cual sucede a menudo en las reformas curriculares. El curriculum como planificación educativa se basa en la elaboración de un documento escrito, acepción que va desde una postura muy restringida basada en la planificación por objetivos, hasta otra más abierta en la que se justifican las intenciones.

En franca oposición respecto a las teorías tradicionalistas y eficientistas, a partir de la segunda década del siglo veinte el curriculum se centra en los estudiantes, en sus necesidades, experiencias e intereses individuales, y en las significaciones de la enseñanza. Se pretende que las escuelas sean lugares de disfrute y que la educación acompañe integralmente el desarrollo de los jóvenes, tanto en los aspectos emocionales como en los intelectuales. Se postula que las personas poseen su propia capacidad de crecimiento, siendo la interacción entre el joven y su ambiente única y personal, como también lo es su aprendizaje. Los docentes deben estimular a las personas para que construyan sus propios significados, priorizando los procesos de comunicación. No obstante, el curriculum desde esta concepción empirista-conceptual no aborda la reflexión acerca de problemáticas sociales más amplias. La preocupación por el centramiento en el alumno deja de lado otros contenidos e intencionalidades educativas vinculadas a dimensiones sociopolíticas, históricas y ambientales. En su versión más ortodoxa, este modelo que dio origen a la llamada "escuela nueva", descuidó la importancia del aprendizaje sistemático de los contenidos disciplinares en la formación de los estudiantes. Desde posturas extremas, se cayó en posicionamientos "psicologizantes" que desvalorizaban al conocimiento, desdibujándose de este modo la función social de la escuela con relación al mismo.

La ideología de la reconstrucción social constituye otra concepción en la que se sustenta el curriculum educativo. Se asume aquí una perspectiva valorativa, en la cual existe preocupación por los complejos problemas sociales (inequidades económicas, injusticias sociales, contaminación ambiental, discriminación racial y de género, entre otras). El curriculum asume el propósito de enseñar a desarrollar una visión de la sociedad y a actuar en consecuencia configurando prácticas relevantes.

Dentro de esta misma línea teórica, se concibe también al curriculum como representación de la acción. Desde la representación, se lo analiza y teoriza en procesos metacurriculares. Desde la acción, se lo transforma, o se pretende hacerlo.

A partir de estos enfoques reconceptualistas, se postula que toda actividad intelectual implica una dimensión política, debiendo generar compromisos con acciones tendientes a la mejora social. El curriculum nunca puede ser neutral, pues se relaciona intrínsecamente con las estructuras económicas y sociales, reflejando las luchas que se producen entre grupos dominantes y contrahegemónicos acerca de los contenidos a transmitir. Cuestiones tales como quiénes son los que verdaderamente se benefician del curriculum oficial, las formas que el mismo puede adquirir –como colección o integración de contenidos– las posibilidades de resistencia y oposición a determinados mandatos y prescripciones, y el posicionamiento que adquieren algunas disciplinas en detrimento de otras, son algunos de los aspectos que se analizan.

La real complejidad de las prácticas educativas y el papel que les cabe a los diferentes actores en las mismas, es otra de las preocupaciones de las posturas críticas en torno al curriculum, el cual se erige a partir de condiciones concretas de realización que resulta preciso analizar. El lugar de los conflictos en los entramados educativos, en el marco de luchas sociales más amplias, constituye un eje permanente de reflexión en relación con los modos en que se configuran las prácticas educativas.

Dentro de estos posicionamientos, hay quienes explican que el curriculum no es un concepto, sino una construcción cultural, y lo enmarcan como una "praxis" (Grundy, 1991). El curriculum como praxis busca hacer explícitos los intereses a los cuales éste responde, con relación a su propósito de lograr posturas críticas tendientes a la emancipación humana, y al compromiso ineludible con los cambios sociales profundos. En estos procesos se valoran tanto las experiencias de los estudiantes como las de los docentes, a través de un diálogo permanente y de negociaciones que posibilitan enfrentar los problemas reales de su existencia vinculados a los mecanismos de opresión.

En este enfoque crítico-emancipatorio se concibe también al curriculum como una política cultural desde una "pedagogía de la posibilidad". Al respecto, Giroux (1990) plantea la transformación y la emancipación. El curriculum se constituye así en un espacio en el que se producen y se crean significados sociales, siendo los profesores intelectuales transformadores que asumen un papel activo en el cuestionamiento de las relaciones de poder, junto a otros actores sociales. Por su parte, Freire (1996) analiza la propia dinámica de los procesos de dominación de los oprimidos, criticando la "educación bancaria", meramente transmisora de contenidos verbalísticos y vacíos de sentidos. Propone una educación problematizadora, popular y liberalizadora, para desarrollar conciencia crítica y desatar procesos de humanización frente a la debacle globalizante. Educador y educando pueden crear dialógicamente una concepción diferente del mundo, y para ello los conocimientos no deben ser imposiciones, sino una devolución organizada, sistemática y acrecentada para el propio pueblo.

En 1968, Jackson acuñó el concepto de "curriculum oculto", que impactó fuertemente en las teorías críticas del curriculum. Esta categoría posibilitó analizar la interacción escolar desde teorías interpretativas y microsociales. Las enseñanzas tácitas o implícitas que se generan en las escuelas, los aprendizajes fortuitos que no han sido planificados por los docentes pero que socializan fuertemente a los jóvenes, conforman el curriculum oculto. Jackson estudió la uniformidad de la escuela y sus rutinas: el manejo de los tiempos y de los espacios; los elogios, censuras, premios y castigos de los docentes; las formas que asume la evaluación como ejercicio del poder; la recepción de órdenes por parte de los jóvenes a sus primeros "jefes": los docentes; y la adaptación a las multitudes, entre otras manifestaciones. Por su parte, Apple (1996), en Inglaterra, analizó críticamente el curriculum real de las escuelas, encontrando en el mismo una perspectiva predominantemente técnica y acrítica, cuyo propósito es hacer que todo parezca natural. Las escuelas no enseñan el conflicto. Las ciencias se transmiten como regularidades, nunca como espacios de lucha social, política y económica en la que se confrontan intereses. Los estudiantes desconocen las historias de las ciencias, el porqué de las revoluciones conceptuales y las diversas teorías en competencia. Sólo aprenden una versión única, consensuada y neutral de la ciencia.

Desde un enfoque más funcionalista, Dreeben (1989) ha analizado también qué se aprende realmente en la escuela, recuperando el aprendizaje de valores como parte del curriculum oculto. La escuela es una institución en la que se puede aprender, por ejemplo cooperación en vez de competencia, desde instancias concomitantes que se transforman en situaciones educativas valiosas.

Los modelos de organización curricular

El curriculum educativo asume diferentes formas de organización. El curriculum por disciplinas, asignaturas o materias y el curriculum por áreas, constituyen los modelos más conocidos y recurrentes. La distribución de los contenidos por disciplinas aisladas se centra en concepciones mecanicistas o activistas-idealistas desde las cuales el sujeto cumple un rol pasivo de contemplación y adquisición del conocimiento que proviene del exterior, o bien el papel de creador de la realidad, asumiendo que el conocimiento es subjetivo. Se desconoce la interacción social en los procesos de construcción del conocimiento, reforzándose el individualismo y la fragmentación. La escuela corre el riesgo de convertirse en una institución que sólo transmite y conserva contenidos culturales, aislándose de la sociedad. Se puede originar atomización en los conocimientos transmitidos, a partir de la conformación de espacios curriculares y actividades separadas: materias teóricas, prácticas y técnicas; clases de aula y de laboratorio; repetición de contenidos.

No obstante, es importante diferenciar la organización por disciplinas de los "inventarios" diseñados para la enseñanza (Litwin, 1997) pues muchas veces éstos constituyen modos arbitrarios e implican un fuerte poder clasificatorio que genera divisiones aleatorias en asignaturas. Goodson (2003) observa también que las disciplinas no son entidades monolíticas, sino amalgamas cambiantes de subgrupos y tradiciones. No obstante, el debate del curriculum muchas veces se transforma en un conflicto entre disciplinas, por cuestiones de estatus, de recursos y de "territorio académico".

Las limitaciones que acarrea la división por materias o asignaturas han llevado a diseñar otros formatos de curriculum. En este sentido, el curriculum integrado constituye una opción válida. Sus propósitos se sustentan en la inter y multidisciplinariedad, la relación no arbitraria y significativa entre los contenidos y la propuesta de métodos de enseñanza acordes. Áreas, módulos, proyectos, problemas y necesidades de los estudiantes son algunas de las varias alternativas que se utilizan para programar un curriculum integrado.

Sin embargo, articular la lógica disciplinar de las áreas o asignaturas con dimensiones sociales actuales y culturalmente relevantes que la escuela no debiera dejar de lado, resulta conflictivo y constituye un desafío para los docentes. Dado que aún no es posible romper totalmente con la lógica disciplinar heredada de la modernidad, resulta ineludible también discernir cuáles son las dimensiones de la experiencia humana más relevantes para la educación actual en ciudadanía (Bolívar, 2003).

El modelo de curriculum por áreas, por ejemplo, plantea agrupar disciplinas. Esto puede realizarse entre disciplinas afines en sus objetos de estudio y/o metodologías, entre disciplinas diferentes o polares. Se intenta respetar los modos de desarrollo actuales de las ciencias –caracterizados por el desdibujamiento de sus fronteras– generando procesos de aprendizaje más acordes con las formas de producción del conocimiento y con los procesos cognitivos de los alumnos. Pero es preciso señalar que muchas de las experiencias implementadas de organización curricular por áreas han demostrado que no ha sido posible superar totalmente el problema de la fragmentación de los contenidos en la escuela (Coicaud, 2004). Además, este modelo requiere de un funcionamiento administrativo más operativo en las instituciones educativas para que los docentes puedan trabajar en forma colaborativa y multidisciplinaria.

Existen otras formas de organización del curriculum educativo. Entre ellas, pueden mencionarse el curriculum por proyectos y por problemas sociales. Estos modelos propician la interdisciplinariedad en el trabajo docente, entendiéndose que el conocimiento implica procesos de construcción progresiva y colaborativa. Se busca superar la escisión teoría-práctica, posibilitando el abordaje de problemas concretos del mundo de la vida de los estudiantes. Las propuestas de enseñanza se diseñan a partir de temáticas relevantes, las cuales servirán como orientadoras de los aprendizajes y permitirán integrar los conocimientos. Los principios en los que se sustentan estos modelos curriculares son: flexibilidad, iniciativa de los alumnos, orientación en el presente y en el futuro, acción comunitaria y experiencias prácticas.

Las mayores ventajas de un curriculum organizado por proyectos o problemas estriban en la fuerza motivacional que generan, puesto que los estudiantes logran altos niveles de compromiso con las tareas de aprendizaje, dado que pueden establecer un contacto con la realidad fuera del ámbito formal de las escuelas.

Aunque los modelos no son estructuras rígidas, pues el curriculum educativo puede asumir modos mixtos en su diseño. En un currículum organizado por disciplinas se pueden lograr niveles importantes de vinculación entre los conocimientos de las distintas asignaturas, a partir de la incorporación de contenidos transversales, por ejemplo, o de la utilización de estrategias metodológicas que posibiliten la enseñanza desde proyectos didácticos o núcleos problemáticos.

Con respecto a la enseñanza de temáticas inherentes a la ciudadanía en la educación secundaria, son varios los autores que señalan que el sólo abordaje desde asignaturas específicas resulta insuficiente, banalizador de los contenidos y escasamente motivador para los estudiantes (Delval, 2006; García Moreno, 1995; Gutman y Siede, 1996; Magendzo, 2010; Siede, 2007; Valderrama, 2007; entre otros).

Siede (2007) plantea que todas las alternativas curriculares –asignaturas específicas, temas transversales, etc.– son insuficientes por sí mismas para enseñar los complejos contenidos de la ciudadanía. Por ello propone una propuesta alternativa, que intenta superar la falsa alternativa de enseñar estos contenidos en todo momento, o de abordarlos solamente en una materia particular. Explica que las diferentes modalidades de organización curricular son imprescindibles para la enseñanza de la ciudadanía, por lo cual propone un diseño que abarque, en forma conjunta:

- Un espacio curricular específico, para el estudio sistemático de contenidos jurídico-políticos propios de la nación, y de las herramientas necesarias para el ejercicio de los derechos ciudadanos. Considera que esta modalidad es fundamental en todos los años de la educación secundaria.
- La transversalidad disciplinar, en todos los niveles de formación. Esto posibilita instaurar la discusión acerca de los problemas éticos y políticos que se relacionan con los contenidos de cada una de las asignaturas escolares. Es importante que estos contenidos se plasmen en el curriculum prescripto, y que se forme a todos los docentes para que puedan orientar el debate axiológico y normativo.
- La transversalidad institucional, indispensable en todos los niveles, pues la escuela constituye un espacio público en el cual rige el estado de derecho, donde los estudiantes pueden aprender a ejercer su poder y a reconocer sus responsabilidades participando activamente de diversas experiencias de gestión institucional y de convivencia.

El autor explica que se necesitan espacios curriculares múltiples en las instituciones escolares para educar en ciudadanía de manera compleja y multifacética, e instancias planificadas de formación docente. Pero todas estas experiencias tienen que ser coherentes y estar articuladas, integrando un proyecto educativo para la formación ética y política de los estudiantes.

Por su parte, Cullen señala los siguientes principios básicos que son posibles de considerar en un curriculum educativo para la formación ética y ciudadana (Cullen, 2004, pp. 37-40):

1. Es posible fundar racionalmente en forma co-disciplinar los principios de la ciudadanía, como forma crítica de socialización y de construcción de un ordenamiento social.
2. Es posible fundamentar racional y argumentativamente la viabilidad de la participación política y de la responsabilidad social, que especifican a la ciudadanía como democrática.
3. Es posible enseñar saberes que permitan una construcción democrática del propio poder para participar de una reconstrucción crítica del poder diseminado en la sociedad, y de las formas jurídicas que rigen la vida social.
4. Es posible entonces aprender a resolver democráticamente y con argumentación de derechos y obligaciones, los conflictos de poder y de normas, es posible aprender a participar democráticamente en las decisiones, y es posible aprender la convivencia pluralista, como algo más que la mera tolerancia del diferente.
5. Es posible enseñar saberes relacionados con el pensamiento crítico y con la capacidad de dialogar y de construir proyectos comunes.
6. Es posible entonces que en la escuela se aprendan formas democráticas de ejercicio del poder y de resolución de conflictos sociales, así como modos de compromiso solidario con proyectos comunes.

El curriculum como un puente entre la educación formal y la no formal

Jeffs y Smith (2001) han explicado que la noción de curriculum establece una línea divisoria entre la educación formal y la no formal. Argumentan que tanto la teoría como la práctica del curriculum fueron desarrolladas en contextos escolares, por lo cual los mayores problemas surgen cuando el mismo es introducido en una pedagogía no formal.

La adopción de la teoría y la práctica del curriculum por parte de educadores de propuestas no formales instauran una discusión acerca de la legitimidad de los contenidos que se enseñan. Dado que, además, la naturaleza de las actividades de aprendizaje no puede ser prefijada, esta educación suele ser desvalorizada desde una concepción curricular basada en enfoques tecnocráticos y academicistas, la cual prioriza la elaboración de programas detallados y de cumplimiento riguroso. Un modelo de curriculum que enfatiza los productos del aprendizaje no resulta compatible con los propósitos que se pretenden a partir del desarrollo de una praxis educativa, sustentada en procesos orientados hacia la transformación de los sujetos.

No obstante, tanto los modelos de proceso como el de praxis del curriculum presentan problemas en los contextos no formales de educación. A diferencia de las propuestas formales, en las cuales los docentes enseñan a partir de una planificación en la que establecen los contenidos, intencionalidades y actividades, en la educación no formal esto no se establece de manera taxativa. Los educadores tienen en claro las acciones educativas que resultan más adecuadas para las personas en formación, y cuentan con una apreciación acerca de su propia tarea vinculada a las estrategias a desarrollar, a partir de las particularidades del grupo y de los procesos interactivos que tienen lugar. Esto es justamente lo que para varios autores constituye el curriculum, pues éste no puede entenderse fuera del contexto en el que se desarrolla. Sin embargo, pareciera que el curriculum sólo existe vinculado a las nociones de clases, docentes, cursos, lecciones y exámenes. Siempre se lo ha relacionado con la enseñanza, con un tipo particular de relación entre docentes y estudiantes y de organización institucional, aun cuando los contextos y la naturaleza misma del proceso educativo fueren otros.

Por este motivo, no debe sorprender que, en el momento en que la teoría y la práctica del curriculum son introducidas en propuestas no formales de educación –como por ejemplo, la formación de jóvenes en diversos ámbitos– es muy común que se pretenda formalizar los aspectos más sustantivos de estas experiencias. No obstante, cuando los educadores asumen el lenguaje genuino del curriculum, cruzan el puente que existe entre lo formal y lo no formal. Esto resulta relevante para el trabajo educativo, pues redimensiona la tarea de enseñanza a partir de nuevas significaciones. La educación es más que la escolarización.

El curriculum de los bordes

Una de las problemáticas acuciantes del curriculum educativo en la actualidad consiste en propiciar aprendizajes relevantes, a partir de métodos y recursos innovadores que susciten el interés de los estudiantes y favorezcan el desarrollo de procesos más profundos y duraderos en la comprensión de los contenidos. Se menciona la importancia de enseñar desde los "bordes" del curriculum en vez de centrarse en las temáticas y metodologías prescriptas, como opciones estratégicas que posibilitarían una motivación sostenida. Sin embargo, un curriculum de borde puede resultar interesante para los alumnos, pero los docentes no deberían apostar sólo por esta alternativa. Si bien los maestros y profesores pueden recurrir a los bordes del curriculum para responder a determinadas demandas y necesidades, propiciando en los jóvenes un interés que no siempre se obtiene desde otras propuestas, el gran desafío consiste en hacer atractiva la enseñanza a partir de los contenidos centrales del curriculum. Esto implica la selección innovadora de tareas, recursos y actividades, que interpelen la construcción de significados a lo largo del tiempo escolar. Aunque también es importante diferenciar los temas de borde del curriculum de las estrategias de borde. Las estrategias implican prácticas metodológicas originales y novedosas. El humor, las tareas creativas, los recursos variados, el pensamiento crítico, las construcciones propias de los estudiantes vinculados con el mundo real, entre otras alternativas, posibilitan el desarrollo de un curriculum educativo al que los jóvenes le encuentran un verdadero sentido. Enseñar sólo a partir de los temas de borde, en cambio, nos lleva a un curriculum nulo en el que se recortan los contenidos, abordando temáticas que no son las más importantes o las centrales en un determinado campo del conocimiento. En este caso, estamos propiciando una concepción empirista-conceptual que desconoce la complejidad del curriculum como proyecto político-educativo.

El curriculum en proyectos que promueven el aprendizaje de la ciudadanía

Las decisiones que se toman con relación a la enseñanza de la ciudadanía en la escuela se enmarcan en determinadas concepciones acerca del curriculum. Una enseñanza que sólo privilegia la memorización y repetición de contenidos vinculados con derechos y deberes cívicos, prescripciones morales, leyes y normativas, responde a teorías curriculares academicistas que trivializan el sentido de la formación en ciudadanía. Desde estos enfoques tradicionalistas, el conocimiento es abordado como una suma fija, inmutable y universal, lo cual contradice sustancialmente los propósitos educativos que se buscan cuando lo que se pretende es formar ciudadanos críticos y comprometidos. El alumno es tratado como alguien inacabado, incapaz de lograr niveles profundos de reflexión crítica. El joven, como sujeto pedagógico, no es considerado un sujeto de derechos, sino un individuo que sólo en el futuro podrá madurar y ejercerlos plenamente. Esto conlleva al ejercicio de prácticas de enseñanza en las que sólo se inculcan conceptos y valores de manera pasiva, con el fin de disciplinar las mentes y los comportamientos de los estudiantes.

Si se asume en cambio que educar para una ciudadanía democrática y radical implica un proceso complejo de formación en el que a los jóvenes se les brindan múltiples oportunidades para emitir sus opiniones de manera argumentada, construyendo colaborativamente los conocimientos y realizando actividades importantes de aprendizaje en contextos reales, el curriculum educativo se sustentará en concepciones críticas y reconceptualistas. Es en el curriculum donde se configuran distintos posicionamientos, a partir de discursos interconstruidos desde cosmovisiones diversas acerca de su sentido.

El curriculum como reconstrucción social implica asumir el compromiso de formar a los estudiantes para que analicen crítica y propositivamente los complejos problemas de la sociedad actual, con una mirada histórica acerca del devenir de los procesos. La desigualdad, la discriminación, el descuido de los recursos naturales, la solidaridad, entre otros, son tópicos que no pueden estar ajenos a las responsabilidades de una escuela que forma ciudadanos. Constituyen temas centrales de un curriculum para la formación en ciudadanía, y no pueden ser reemplazados por otros temas de los bordes. Como planteábamos antes, resulta relevante que las estrategias de enseñanza que se elijan sí sean de los bordes del curriculum, apelando a metodologías creativas y desafiantes que logren desestructurar la enseñanza tradicional basada en la transmisión aburrida y repetitiva de conceptos que poco y nada contribuirán a la formación.

En este sentido, el director del CUP explica con respecto a las pasantías realizadas por los alumnos en temáticas vinculadas a la solidaridad, que los jóvenes abordan el estudio sistemático de contenidos específicos, además de aprender desde la propia práctica en las instituciones en las que desarrollan sus proyectos:

> "No solamente aprenden 'algo', sino que aprenden contenidos, porque la educación solidaria se nutre de contenidos. O sea, esto surge de un encuadre teórico, entonces se tienen que apropiar de contenidos. No es solamente que van 'en el aire' y ayudan, sino que tienen que ir incorporando contenidos curriculares".

Los estudiantes del colegio son formados también en contenidos vinculados al análisis institucional, con el propósito de generar en ellos una mirada crítica que coadyuve a comprender la complejidad de las instituciones en las cuales realizan sus intervenciones, como así lo expresa el director del colegio:

"Cuando volvemos al aula, ellos tienen toda esta mirada de aquellas instituciones, porque tienen el lenguaje de lo instituido y lo instituyente. O sea, ellos mismos dicen qué modalidades existen en cada institución, si son progresivas o regresivas en función a determinados indicadores que ellos ya vieron en la teoría [...] aprenden cuál es el mecanismo o por qué actores institucionales es más fácil entrar [...] ya tienen una visión crítica desde el punto de vista del análisis institucional, y esto es interesante..."

Queda evidenciado que los docentes no dejan de lado el abordaje de contenidos imprescindibles para la formación en ciudadanía, pero eligen "estrategias de los bordes del curriculum" para su enseñanza, a partir del método de proyectos. Las pasantías que realizan los estudiantes en diferentes instituciones y organizaciones de la comunidad, constituyen valiosas experiencias para el aprendizaje, el cual difícilmente hubiera podido construirse desde metodologías didácticas más tradicionales. Los estudiantes son muy conscientes acerca de la pertinencia didáctica de estas propuestas de enseñanza, y manifiestan que aprenden de otro modo, que aprenden con ellas "un montón...".

En el caso de los programas educativos no formales para jóvenes, se busca alcanzar con ellos una mayor inclusión social, a partir de prácticas pedagógicas diferentes. Las actividades educativas implementadas en el ámbito de los CAJ, si bien no se sustentan en contenidos sistemáticos de los campos disciplinares como ocurre con el curriculum oficial de las escuelas medias, hacen hincapié en buscar estrategias alternativas para el aprendizaje, a partir de los verdaderos intereses de los jóvenes en temáticas que se suscitan desde la apertura de un diálogo sostenido con ellos, pero también desde problemáticas relevantes que los talleristas introducen para motivarlos:

"...casi siempre se hace al iniciar el año una encuesta donde los chicos te ponen qué talleres les gustaría tener, qué espacios o con qué ejes trabajar [...] Después eso se va modificando y finalmente queda lo que tiene más aceptación..."

Otro de los responsables de estos Centros expresa claramente la diferencia con el curriculum formal de la escuela media, respecto a su trabajo en el CAJ:

"Uno de los propósitos del CAJ es abrir esas cuestiones, problematizar determinadas cuestiones, pero en esto yo no soy de forzar las cosas, porque si no me convierto en un profesor de la clase..."

No obstante, algunos aclaran que respetan lo que proponen los chicos, pero ellos también les sugieren temáticas a los jóvenes, para poder de esta manera ampliar sus pensamientos e inducirlos a reflexionar críticamente. Como lo plantea Wittgenstein (1988), los "juegos" del lenguaje forman parte de la legitimación y deslegitimación de los saberes, desde significantes y cosmovisiones diversas que surgen a partir de discursos interconstruidos, tal como lo expresa la responsable a cargo de la Región Sur V y VI de la Provincia de Chubut, para los CAJ:

"¿Cuál era el objetivo? ¿Nosotros queremos ampliar el horizonte más allá de lo que lo pibes tienen posibilidad de trabajar y ver? Sí, porque decíamos: 'quieren escuchar cumbia, nada más'. ¿El objetivo es escuchar cumbia, nada más? ¿qué hacemos? ¿Escuchamos sólo cumbia o buscamos otra posibilidad?"

Esta explicación deja en claro que el curriculum nunca es neutral, sino un campo de conflicto, controversias y negociaciones. El propósito de la educadora por lograr niveles crecientes de pensamiento crítico en los jóvenes y un cambio en sus actitudes para tender hacia una ciudadanía sustantiva, conlleva a asumir un papel activo y de diálogo permanente, a partir de un proceso de problematización constante que posibilite la desnaturalización de ciertos fenómenos y el escrutinio de ciertas prácticas culturales y sociales.

Pero resulta claro que, en el caso de los CAJ, la propuesta no formal de educación interpela las nociones hegemónicas de un curriculum que sólo se concibe a partir del sistema educativo formal, con una estructura determinada y fuertes prescripciones acerca del modo en que debe desarrollarse el acto educativo. Los educadores de estos centros cruzan las fronteras del curriculum formal, propiciando otro tipo de aprendizajes. Sin embargo, reconocen que su tarea no es sencilla, pues a menudo se sienten interpelados por otros actores del sistema que desconocen o desvalorizan su trabajo. También explican que en algunas ocasiones hubo colegas docentes que tuvieron dificultades o que directamente no pudieron adaptarse a la dinámica no formal de estos Centros, pues su experiencia docente estaba totalmente arraigada a los modos de organización de la educación formal brindada en las instituciones escolares. Así lo manifiesta uno de los responsables institucionales:

"El primer año costó muchísimo, porque… bueno, hubo ese tipo de resistencia, hubo que construir el espacio. Al no estar formalizado… nosotros estábamos acostumbrados a trabajar dentro de sistemas formales, y esto requiere otro tipo de apertura, otro tipo de estrategia, y lo que ocurría en algunos casos –o los peligros de esto– es que quede librado al azar…"

"… también vamos viendo la vinculación que tienen los docentes y los talleristas con los chicos, porque también nos ha ocurrido que alguna gente no tiene los mismos objetivos que el CAJ, y ahí se producen los problemas. O que trabajan desde marcos más formales, o también que privilegian [sólo] lo artístico…"

En el Documento: "Programa Nacional de Extensión Educativa –PNEE– Abrir la escuela" del Ministerio de Educación de la Nación, se observa una tendencia a vincular las propuestas educativas de los CAJ con las disciplinas curriculares, aunque esto implique en el planteo realizado tener que flexibilizar la estructura rígida del curriculum formal en los tiempos, espacios y formas de enseñar y aprender, teniendo en cuenta los intereses de los estudiantes:

Consideramos que los proyectos de extensión educativa deben ser asumidos por la escuela, como áreas de aprendizaje que vinculen los contenidos formales de las disciplinas curriculares con aquellas experiencias que, siendo de carácter formativo, se desarrollan por fuera del ámbito de la escuela. Significa apropiarse de un espacio educativo que debemos llenar de contenido, con el propósito de articular la dimensión formal de la educación y el circuito que solía o suele considerarse como no formal en el ámbito de la escuela, permitiéndonos revisar aquello que hasta ahora fue pensado como inamovible. Que la escuela intervenga en estos espacios, y con su acción transformadora los convierta en contenidos educativos, que además de aportar a la formación integral, impliquen la responsabilidad institucional de dar respuesta, desde la educación pública, a las necesidades educativas actuales de niños y jóvenes, garantizando igualdad de oportunidades y una educación de calidad. El Programa Nacional de Extensión Educativa (PNEE) 'Abrir la escuela', de la Dirección Nacional de Políticas Socioeducativas, propone a las escuelas planificar acciones, habilitar otros tiempos, espacios y formas de enseñar y de aprender; que abordan contenidos y áreas temáticas que se definen en función de proyectos pedagógicos de trabajo. Estos proyectos deben ser una herramienta que complemente y acompañe el desarrollo de las disciplinas curriculares, ampliando la capacidad organizativa y pedagógica de la escuela para la planificación de aquellas acciones que, integrando ambas prácticas y dimensiones, posibiliten enriquecer las trayectorias escolares, ampliando y diversificando el horizonte de oportunidades y experiencias educativas. El PNEE propone entonces que, en el marco del Proyecto Educativo Institucional (PEI) de cada escuela, se contemplen y planifiquen estos espacios en función de las necesidades educativas de los actores participantes de los mismos y de acuerdo a diversas orientaciones que expresen áreas de aprendizaje [...] A través del CAJ se propone a las escuelas la planificación de espacios educativos abiertos y flexibles a partir de los cuales se aborden, de modo innovador, los contenidos curriculares, conformando una herramienta que complementa y acompaña el desarrollo de las distintas disciplinas.

Estos proyectos educativos se encuentran en una zona de frontera entre el curriculum formal de la escuela y lo que se planteaba como educación no formal desde los CAJ, en el espacio de la escuela. Es interesante que el sistema educativo formal se proponga alternativas en las formas de enseñar y aprender, y que los vínculos entre ambos espacios y actores permitan flexibilizar la rigidez del sistema educativo, que muchas veces provoca deserción y fracaso, posibilitando el desarrollo de propuestas institucionales de innovación mediante la deliberación, la reflexión, el intercambio y el análisis crítico, para la búsqueda colectiva de soluciones a situaciones problemáticas.

Pero también se corre el riesgo de modificar la propuesta original de los CAJ si se trasladan a sus espacios las formas dominantes y estructurales de enseñanza, tratando de compensar las dificultades del aula. Estos centros son parte de un conjunto de proyectos especiales que intentan dar respuesta a los problemas que el sistema de educación formal no logra resolver. Muchas veces existe el problema de la superposición y proliferación de una gran cantidad de proyectos, que pretenden ayudar a la promoción y egreso de los estudiantes secundarios como estrategias compensatorias, pero de modo desarticulado, desconociendo otras actividades y desaprovechando fuentes de financiamiento, experiencias y recursos humanos.

El puente entre el curriculum formal y el no formal resulta difícil de cruzar, pues su atravesamiento constituye un verdadero desafío para los educadores, quienes deben asumir el compromiso de construir un curriculum como praxis educativa. No obstante, resulta imprescindible implementar propuestas educativas diversas, innovadoras y articuladoras, que posibiliten abordar la inclusión de todos los jóvenes en el sistema educativo.

CAPITULO 5

La escuela como agencia privilegiada del Estado

Josefa Belcastro, Alejandra Coicaud y Silvia Coicaud

En su análisis acerca de la emancipación y del dilema de la construcción de la ciudadanía, en esta sociedad de individuos propia de la modernidad líquida, Bauman (2006) sostiene que en la actualidad resulta preciso defender la evanescente esfera de lo público, o bien reacondicionar y repoblar el espacio público, el cual corre riesgos de quedarse vacío debido a la deserción producida, por un lado, por el abandono de los ciudadanos interesados, y por otro lado, por el escape del poder real hacia territorios que se conforman como "espacios exteriores", en relación con lo que las instituciones de la democracia existentes pueden pretender alcanzar.

Entre los grupos de actores educativos estudiados, los pertenecientes a los CAJ y al CUP han asumido un trabajo relevante de agencia en las instituciones de referencia. Podemos afirmar que los CAJ y el CUP constituyen espacios públicos para actuar. Son parte activa de la producción de prácticas sociales y culturales, son medios insoslayables para inscribirse en el mundo de la vida.

A los CAJ ingresan jóvenes cuyas trayectorias escolares, en la mayoría de los casos, se fragmentaron. La educación generalmente está a cargo o es compartida con otras instituciones, y se desarrolla a través de talleres que organizan personas adultas, muchos de ellos docentes, a partir de propuestas formativas diversas organizadas desde actividades culturales y deportivas. Las mismas se presentan como posibilidad para todos aquellos que participan y realizan dichas prácticas creativas y recreativas. Los CAJ son espacios de agencia promovidos por la capacidad de hacer de sus integrantes –miembros de equipos técnicos, responsables institucionales y talleristas– producidos desde las propias prácticas de los jóvenes que participan en ellos.

En el caso del CUP, los profesores describen distintas estrategias para organizar las intervenciones, y los estudiantes son los protagonistas a través de las diversas maneras de hacer, en el contexto de una "educación solidaria". Ellos se apropian de los espacios organizados por los profesores de pasantías.

La producción cultural construida entre profesores, estudiantes y demás actores en sus respectivos contextos institucionales, involucra una gran variedad de actividades y proyectos. Al respecto, el director del Colegio Universitario expresa, como propósito institucional:

> "...que el alumno mismo elabore sus propios proyectos de intervención comunitaria, planteándose como acciones a nivel micro... con el granito de arena que pueda aportar ese alumno con su formación, y el apoyo de sus docentes a partir de esa intervención a nivel social. Este es el plus que se le fue agregando a esta pasantía original orientada".

Estas intencionalidades ponen de manifiesto la constante relación que existe entre la construcción de la ciudadanía y la agencia. Estas acciones, sujetadas y entretejidas entre sí, donde cada participante desde su propia experiencia aprehende los derechos de participación y libertad, posibilitan desarrollar su imaginación y su conciencia social. Acciones que muchas veces son acotadas y modestas, pero que de todos modos otorgan identidad.

Esta posibilidad de externalizar las ideas y los conocimientos ayudan a conformar una comunidad, un grupo de trabajo en el que se comparten y se negocian formas de pensar. A través de estas producciones se establece un registro de la actividad mental que la rescata, haciéndola pública y visible, lo cual permite seguir reflexionando acerca de la misma. Registros agenciales que se relacionan tanto con el pasado –a partir de la memoria autobiográfica de los sujetos– como con el futuro, es decir con un "yo" posible desde la confianza, el optimismo, y también desde sus opuestos.

La agencia implica la capacidad de iniciar acciones, pero también de completarlas, de saber cómo realizarlas, y de poder valorarlas. Las escuelas y demás instituciones formadoras constituyen una entrada en la cultura, y no sólo una preparación para ella, por lo cual resulta fundamental que estas instituciones analicen cuál es la concepción que los jóvenes tienen acerca de sus propias capacidades, su sentido de agencia, y de qué modo perciben sus posibilidades de enfrentarse al mundo, desde su autoestima (Bruner, 1997).

En los propios fundamentos de las experiencias educativas realizadas y sobre ellas, los jóvenes comienzan a construir "la provisión social de un piso de libertades, derechos y capacidades que habilite la posibilidad de ejercer esa agencia o, por lo menos, no sufrir privaciones que la impidan seriamente" (O'Donnell, 2010, p. 26) lo cual promueve prácticas relevantes de ciudadanía. El proceso de aprendizaje con otros agentes y redes sociales vincula directamente a la institución escolar con una parte de la sociedad, asegurando la cooperación y la solidaridad.

En la propuesta del CUP, el director explica que *los chicos fueron interviniendo en distintas organizaciones*. Esta participación no fue planificada como un evento; es decir, como un mero acontecimiento con una periodicidad que tiene inicio y fin, sino como un proceso permanente en la propuesta de pasantías, para dar respuesta a instancias diversas de aprendizaje. Aquí radica su riqueza y también sus posibilidades para los jóvenes, quienes construyen dicha experiencia cotidiana desde la acción misma.

De este modo, los estudiantes se apropian de contenidos de distintos agentes educativos, en un proceso de interacción e intercambio de discursos. Estos procesos van configurando el soporte imprescindible para una formación en y para la ciudadanía.

La ciudadanía es un concepto multidimensional en tanto implica dimensiones políticas, económicas, sociales y culturales, entre otras, involucrando procesos de reconocimiento, relaciones con el Estado y espacios de representación. Según Lefebvre, los espacios de representación se caracterizan por ser vividos-relacionales-sociales. El autor también advierte que son espacios complejos, porque brindan zonas "codificadas, decodificadas y/o recodificadas, utilizadas como resistencia simbólica" (Lefebvre, 2009, pp. 219-229).

La diversidad ciudadana implica que el Estado y sus agencias deben reconocer que las diferencias existen. Y que la condición de igualdad ciudadana, como derecho a tener derechos, forma parte del ciudadano y de la ciudadanía.

Por lo tanto, la experiencia de las pasantías integra un conocimiento social y compartido en una práctica escolar, pero trasciende a esta última porque hace hincapié en el sujeto y en las relaciones entre enseñanza y aprendizaje, y no sobre un proyecto aislado y divorciado de su contexto social.

Se propone una organización de pasantías desde abajo hacia arriba, basadas en la solidaridad y la correlación de los esfuerzos a nivel de la ciudad, pero respetando la construcción de experiencias diversas. Algunas de éstas pudieron articular el nivel local con el nacional, a partir de la participación de los estudiantes en foros de discusión. Estos proyectos, que se fundamentan en una visión amplia de los procesos educativos, constituyen un claro proceso de innovación institucional, contextualizado en situaciones concretas de aprendizaje que se plasman en el curriculum mismo del colegio:

> "Las expectativas nuestras eran medio ambiciosas, eran en realidad instalar a la escuela como una escuela solidaria, a partir de los terceros [años]. Que los chicos de tercero dejen de alguna manera un legado, o sean agentes multiplicadores hacia el interior de la institución, en las distintas muestras que nosotros hacemos".

En el caso de los CAJ, son múltiples y variadas las acciones desplegadas por estos Centros para la formación de los jóvenes, quienes reconocen y valoran las experiencias allí realizadas. Una adolescente manifiesta, respecto a las diversas actividades agenciales:

> "…había guitarra, y después había armónica, había chicos que conocían percusión… después hacíamos ventas para conseguir instrumentos para poder enseñar… Había unas chicas que sabían hacer pulseras, entonces las traían y enseñaban… Estás afuera, en esos ámbitos, hacés algo que es bueno, te hace bien. Es lindo… es mucho mejor estar allá aprendiendo a hacer música, haciendo origamis, que estar acá metida en la computadora. En vez de andar chateando ahí podes hablar con personas reales, gente cara a cara […] Con el otro CAJ tuvimos la experiencia que hicimos un viaje, en conjunto con otra escuela… Nos fuimos a Los Alerces, a la planta de estudio que hay allá. Era como un viaje educativo, para aprender a cuidar el medio ambiente".

Otro joven, asiduo participante de estos Centros en sus talleres de música, los valora de la siguiente manera:

> "….considero a los CAJ de educación cultural, o cualquier título que quieran poner, como que… conocer otras actividades, poder compartir, no sé… escuchar experiencias de músicos, generalmente yo veo que los músicos más grandes tienen paz interior… Creo que yendo a los CAJ y haciendo esas actividades tenés algo de educación, como que, como yo había dicho antes, en vez de estar en la calle haciendo otras cosas, poder estar ahí".

Desde esta concepción de agencia se postula que nadie puede actuar sin la ayuda de otros en los diversos sistemas simbólicos de la cultura. En el momento en que se propicia un nuevo orden simbólico se hace sobre otro preexistente, pues se construye sobre los ladrillos que ya existen, y esto permite que no se derrumbe lo nuevo. El aprendizaje se sitúa siempre en un contexto cultural, y la función colectiva más importante consiste en externalizar el pensamiento a través de acciones.

La agencia posibilita, a través del trabajo mental, liberarnos de la ardua tarea de volver a pensar en nuestros propios pensamientos, rescatando la actividad cognitiva y emocional de su estado latente, para hacerla pública y accesible a otros. El proceso de pensamiento y sus productos se van amalgamando. Dejan de ser ideas vagas y difusas para adquirir formas que estimulan el pensamiento colectivo.

Pero estos proyectos de agencia que crean mundos posibles de pensamiento en el arte y en el trabajo solidario, implican también un compromiso con la construcción de culturas educativas compartidas, que funcionen como comunidades mutuas de aprendices.

Los problemas de la autoridad-dominio

Las escuelas presentan muchas veces niveles de contradicción entre los discursos y las prácticas educativas concretas. Suelen existir incoherencias entre manifestaciones discursivas progresistas y democráticas por parte de docentes y directivos, y decisiones que se toman a partir de modelos rígidos y verticalistas, en los cuales no se abre la participación de todos los actores involucrados, ni se concibe a la escuela como una institución que debe estar abierta a los problemas de la comunidad educativa, y de la comunidad más amplia en la cual se inserta.

En su amplia trayectoria como educador y también como funcionario de políticas educativas, Paulo Freire acuñó innumerables experiencias que denotaban actitudes autoritarias y discrecionales por parte de autoridades de instituciones educativas. El pedagogo brasileño expresaba que resulta preciso democratizar el poder en las escuelas, reconociendo el derecho natural de voz y participación a los estudiantes y a los docentes, reduciendo el poder personal de los directores y creando nuevas instancias de poder a partir de la conformación de consejos de escuela de carácter deliberativo –y no sólo consultivo–. En su concepción de "educación popular", aborda varias categorías constitutivas de la misma. Entre ellas, señala que la práctica de esta educación implica entender a "la escuela como un centro abierto a la comunidad, y no como un espacio cerrado, atrancado con siete llaves, objeto del ansia posesiva del director o la directora, que quisieran tener su escuela virgen de la presencia amenazadora de extraños" (Freire, 1996, p. 113). En esta escuela, lejos de negar la importancia de la presencia de la comunidad o de los movimientos populares, se aproxima y aprende también de ellos, pues no pueden estar inmunes a lo que ocurre en las calles del mundo. Una escuela que, superando prejuicios de raza, clase y género, se posiciona radicalmente en la defensa de la sustantividad democrática.

Estas expresiones del educador brasileño nos llevan a reflexionar sobre algunas de las situaciones que describieron docentes y estudiantes del CUP acerca de las dificultades que tuvieron que afrontar para realizar las prácticas educativas innovadoras propias de las pasantías, en varias de las escuelas de la ciudad. A veces de manera explícita y otras veces de un modo más sutil, existieron actitudes en algunos directivos y docentes que daban cuenta de cierta desvalorización respecto a estos proyectos de aprendizaje-servicio, que implicaban un aprendizaje significativo de la ciudadanía. La falta de información acerca de rutinas de funcionamiento institucional (horarios, lugares, exigencias administrativas, etc.) la modificación inconsulta de la duración de las prácticas, la excesiva burocratización en relación con los permisos y notificaciones exigidos, y algunos comentarios efectuados fueron ejemplos de los obstáculos con que se encontraron los jóvenes, coordinadores y profesores que desarrollaron procesos innovadores para la enseñanza y el aprendizaje de la ciudadanía. Así lo manifiestan los siguientes comentarios de las alumnas del CUP que realizaron sus proyectos en una escuela primaria de la ciudad:

> "... por ahí la directora se olvidaba de nosotras y programaba actos, asambleas y nosotras íbamos... Eran dos sextos y por cada curso nosotras teníamos cuarenta minutos, entonces por ahí llegábamos y la directora nos decía: '¡ah! ¡pero los chicos a las diez se retiran porque tenemos asamblea! ¿Cómo podemos hacer?' Y bueno, vos con uno y yo con el otro, nos las arreglábamos, pero por ahí en el momento era como que... ¿y ahora qué hacemos?"

En el caso de los CAJ, los coordinadores planteaban que tuvieron muchas dificultades para radicar el proyecto en algunas escuelas, porque había directores que no lo aceptaban, y si lo hacían, era porque no les quedaba otra opción, al estar el mismo avalado por el Ministerio de Educación de la provincia y de Nación. Así lo testimonian los responsables:

"En principio para imponer el proyecto costó mucho, porque hubo mucha resistencia de la institución formal en general, y en particular en el caso mío por la formación que tiene el directivo que había en ese momento en [la escuela X]. Es decir, lo aceptaba porque bajaba de Ministerio, pero no porque estuviese convencido de la necesidad del proyecto, y otra cosa que asustaba bastante era la convocatoria a chicos de otras escuelas y otros barrios... hubo que construir el espacio...".

"Al principio fue bastante duro porque los directivos tenían que aceptar que era un espacio que no dependía absolutamente de ellos, por lo tanto ellos no ponían al coordinador y no definían lo que sucedía al interior. Y funciona aparte con una lógica distinta a como ellos manejan a los colegios. Entonces, fue muy difícil porque hubo muchos enfrentamientos... les costaba mucho poder entender cómo íbamos a funcionar, por qué ellos no iban a estar ahí, por qué no iban a definir, por qué no iban a decir en qué gastar el dinero y demás".

Sin embargo, existieron otras escuelas en las cuales los directores apoyaron ampliamente a los CAJ, entendiendo que los mismos constituyen propuestas importantes para la formación de los jóvenes. En estas instituciones los CAJ funcionaron de mejor modo, aunque siempre subsistieron problemas respecto a su inserción en una institución formal de enseñanza.

El hecho de que estos centros contaran con presupuesto, y que a partir de ellos se pudiera gestionar financiamiento para otros programas para la escuela, tuvo efectos tanto positivos como negativos. El financiamiento de los centros, si bien fue escaso, posibilitó que se lograra un mayor respaldo y aceptación por parte de los directores, siempre deseosos de obtener más fondos para sus escuelas. Pero por otro lado, la gestión que implicaba el sostenimiento de un CAJ en la institución era una tarea y una responsabilidad que se sumaba a las muchas que ya tenían los directores.

Las expectativas relacionadas con la función de directivos y docentes se han intensificado en estas últimas décadas, principalmente por la irrupción de reformas educativas. Existe sobreexigencia laboral, y las obligaciones aumentan y se hacen más difusas. Los efectos de la legislación sobre la educación diferenciada, la incorporación de una mayor cantidad de alumnos, los cambios en la composición del alumnado cuya heterogeneidad es ahora más acentuada, y los nuevos requerimientos curriculares respecto a otros contenidos y formas de enseñanza, hacen que las escuelas se conviertan en una caja de resonancia de muchos de los problemas que enfrenta la sociedad. Ante este panorama, el quehacer de los responsables de la docencia y la gestión se ha complejizado.

Las expresiones de la integrante del equipo técnico de los CAJ que ha asumido el rol de coordinación de la Región V y VI de Chubut, son muy ilustrativas de esta realidad, con respecto a la incorporación de estos Centros en las escuelas, y a algunos de los problemas que surgían para los directivos:

> "Donde tiene mejor funcionamiento es en aquellos colegios en que los directivos y los docentes consideran que es una propuesta valiosa... en algunos colegios lo ven como...un lugar más, como que los tenemos que tener porque si tenemos el CAJ nos ingresan otros programas, por lo tanto otro dinero. Cuando es visto así es estar peleando constantemente porque la lógica de funcionamiento del CAJ no tiene nada que ver con la lógica institucional, van por carriles distintos. (...) En general lo abren los sábados, tienen que aceptar que vayan chicos que no es matrícula del colegio, que vayan chicos que no están escolarizados, que entre y salga gente de la institución que no es la que ven diariamente. Y con eso hay mucha resistencia. Pero también entiendo que hay resistencia porque a los directivos les exigen muchas cosas, y hacerse cargo del patrimonio... les dicen que haga de todo, son absolutamente responsables de todo lo que pase y son culpables... uno llega a entender por qué a veces el director reniega de ciertas propuestas".

Las instituciones educativas son siempre lugares conflictivos, en donde las diferencias entre prácticas y discursos, prescripciones curriculares y realidades cotidianas constituyen una trama compleja. Los actores implicados pueden tomar ciertas decisiones respecto a los modos de funcionamiento, pero no pueden decidir acerca de otras instancias de política educativa que responden a niveles macroestructurales del curriculum.

Sin embargo, cuando los responsables de la gestión logran reconocerse a sí mismos como actores importantes de la institución, que cuentan con ciertos márgenes para poder mediar entre las políticas curriculares y las posibilidades de concreción de las prácticas educativas en un proceso constante de construcción y reconstrucción institucional, se genera un clima propicio para el desarrollo de los proyectos innovadores. Son los procesos colectivos de trabajo los que permiten realizar los cambios necesarios, para que otras propuestas empiecen a formar parte de las instituciones, asumiendo el desafío que conlleva la creación de nuevas reglas, nuevos modos de relación y nuevos actores que adquieren espacios de protagonismo.

Las resistencias de algunos directores de las escuelas respecto a garantizar el normal funcionamiento de los CAJ que describieron los coordinadores, denota la dificultad que los mismos han tenido para romper los moldes de la tradición escolar vigente, entendidos éstos como normales y naturales por parte de algunos directores y docentes, y por lo tanto, inmodificables. Las pautas homogeneizadoras del desarrollo escolar operan como un corsé para muchos actores, a lo cual se suma la dosis de poder que tienen los cargos directivos en las instituciones.

Existen en las instituciones diferentes modos de ejercer la autoridad, puesto que ésta puede ser una autoridad-dominio, que se despliega a partir de la capacidad e inteligencia que los que ostentan el poder creen tener, de saberes propios de quienes lo detentan, de discursos que se emiten con el propósito de explicar que se tiene la razón; o bien de una actitud de profundo respeto y reconocimiento acerca del trabajo de los otros, de sus posibilidades y motivaciones. En educación, puede instaurarse desde la separación extrema entre docentes/alumnos –o directores/docentes– o ser llevada a la práctica superando condiciones de desigualdad y dominación, militando por una igualdad desde las propias decisiones y acciones que se llevan a cabo. Cuando no hay predisposición para que el otro actúe según la capacidad que ya posee, la autoridad se convierte en autoridad-dominio, pues no se basa en una relación de voluntad a voluntad sino de inteligencia a inteligencia, en la cual se impone la del docente o directivo, desplazando y aplastando a la de los demás (Greco, 2007).

Rancière (2004) explica que hay una autoridad que se ejerce en acto, a diferencia de aquélla que lo hace confirmando una posición y un poder, pues la autoridad no es un mandato ni una jerarquía que se plantea o se crea, sino la garantía que alguien da a lo que dice y a lo que hace.

Lo importante es que los jóvenes entiendan que las relaciones de poder siempre existen, pues no puede haber sociedad sin ellas. El problema no es entonces pretender disolver estas relaciones de poder en las escuelas, desde la utopía de una comunicación perfectamente transparente, sino más bien establecer las reglas del derecho, las técnicas de gestión y también de la moral, el *ethos* del cuidado de sí mismo y de los otros, la práctica de sí que permitirá en esos juegos de poder, jugar con la mínima posibilidad de dominación (Foucault, 1994).

Una supervisora de educación secundaria explicaba, con respecto a los diferentes modelos de autoridad entre docentes y estudiantes y a los modos en que los jóvenes se ven posibilitados de construir aprendizajes valiosos cuando la relación con sus docentes supera formas autoritarias o de permisividad demagógica:

"... Y en la cotidianeidad de las escuelas, yo lo veo en la acción. Voy a hablar de la acción, más que del discurso, yo veo la convivencia de modelos totalmente autoritarios que cercenan la palabra del joven, hasta modelos totalmente permisivos en los que todo vale, en los que no hay una distancia educativa que contribuya, hasta experiencias magníficas de participación de los jóvenes en la toma de decisiones, en la opinión".

Si pensamos en las formas de construcción de la identidad del alumno como tal, la historia de la educación nos remite a un proceso complejo, en el que se entrecruzan concepciones diferentes respecto a la significación que asume la posición de los jóvenes en la lógica del sistema educativo. Pero, más allá de las reconceptualizaciones construidas a lo largo del tiempo, el rol del alumno siempre fue ubicado en un lugar de sujeción respecto del docente y del director, pues frente a la autoridad educativa, los alumnos ocupan un papel no sólo diferente, sino desigual.

En el caso de los jóvenes de los CAJ que asisten a las escuelas, la distancia es aun más grande respecto a los profesores y directores, pues estos chicos no son alumnos del sistema formal. El hecho de que no estén matriculados en las escuelas adonde se desarrollan estos Centros despertó cierta desconfianza, prejuicio y hasta disconformidad en docentes y directivos cuando el proyecto comenzó a implementarse en algunas instituciones. En el transcurso del ciclo lectivo, muchas actitudes se modificaron, pero estos cambios no han sido fáciles de lograr, y la utilización de las instalaciones escolares por parte de jóvenes y docentes coordinadores que no son alumnos ni docentes de la escuela constituyó un fenómeno difícil de aceptar por algunos actores.

Sin embargo, cuando las escuelas comprenden el sentido educativo que tienen estos Centros, la brecha entre ambos tipos de instituciones se desdibuja, generándose tareas compartidas y circuitos de comunicación que son muy valorados por los jóvenes. Este es el caso del Centro de Actividades Juveniles que funciona en las instalaciones de la escuela de Biología Marina de la ciudad de Comodoro Rivadavia, tal como lo expresa una de las jóvenes que forma parte de ambas instituciones:

"Allá en Biología el CAJ y la escuela están casi las dos cosas juntas. El CAJ está siempre en actos o cosas así. Si hay aniversario de la escuela, preparamos algo…".

Estas expresiones ponen en evidencia que cuando la autoridad educativa se ejerce desde la confianza en el otro y en su capacidad de crecimiento, es posible instaurar las condiciones pedagógicas adecuadas para que se genere el aprendizaje, pues, como dice Meirieu (2010) no importa dónde se enseñe ni cuál sea el público, porque siempre se enseña algo a alguien. No hay ningún profesor que no enseñe nada, y no hay ningún profesor que no enseñe a alguien. En esto consiste el sentido de un proyecto educativo.

Lenguaje, poder y conciencia discursiva

Dar espacio a "otras" voces históricamente acalladas, a grupos de jóvenes, a jóvenes de sectores populares, supone generar acciones políticas claras que permitan tejer una trama de subjetividades compartidas.

La participación sostenida de los jóvenes con relación al ejercicio de la voz, de propiciar su intervención e instaurar mecanismos para que puedan decidir en ciertos niveles de poder como un derecho de ciudadanía, implica una práctica educativa progresista.

La escuela es una institución privilegiada para construir lugares comunes de diálogo, para educar desde el respeto por las diferencias en las diversas formas de comunicación e intercambio que resultan necesarias para articular posibilidades de ciudadanía. Sin embargo, esto no siempre ocurre. Encontramos en muchas instituciones contradicciones entre lo que se promulga desde el discurso, y lo que se hace en la práctica.

Existe un "guión pedagógico" mediante el cual se dice fundamentar las acciones realizadas, explicitando ciertas categorías altamente consensuadas en la comunidad educativa, estructuradas a partir de instancias de capacitación, de bibliografía de amplia circulación y de normativa elaborada desde referentes del campo. Pero en la práctica escolar cotidiana, este guión pedagógico suele mostrar fisuras y contradicciones. Ejemplo de ello es lo explicitado y lo realizado en las instituciones educativas acerca de la relevancia de promover la participación de los alumnos, de respetar la multiculturalidad, la diversidad y los derechos de los jóvenes. La cotidianeidad del mundo escolar nos manifiesta muchas veces otra realidad, como se puede analizar en este testimonio del director de un colegio, quien a su vez es responsable de un CAJ:

"A nivel de gobierno hay discursos que promueven la participación de los chicos, centros de estudiantes, participación en los criterios de evaluación... Pero siguen siendo discursos. Si se dan, en realidad, depende del modelo de gestión. Son experiencias acotadas. Con un 'no se puede' los docentes tiran la pelota afuera. Dicen: 'el decreto...' [no lo permite] Los alumnos no manejan esta información, y están restringidos de ciertos derechos. Un ejemplo: los alumnos pidieron conformar un centro de estudiantes, pero en esa escuela no se permite. El chico no es escuchado".

La integrante del equipo técnico con funciones de coordinación de los CAJ en el sur de la provincia nos decía, con respecto a los jóvenes:

"...no creen en muchos adultos, no se sienten... [en la institución] contenidos, y que puedan confiar en alguien y hablar. Por ahí tienen un profesor o un adulto como referencia, no más. Y la verdad es que tienen muchas cosas [para decir]".

Bernstein (1989) explica que en el lenguaje, los códigos se vinculan con la probabilidad de predecir los elementos sintácticos, lo cual permite organizar los significados. Habla de dos formas de códigos, diferenciando un lenguaje basado en códigos restringidos –propio de la clase obrera– y un lenguaje de códigos elaborados –propio de la clase media–. El primero se caracteriza por las frases cortas y muchas veces incompletas, y por una construcción sintáctica simple y empobrecida. El segundo, en cambio, tiene un orden gramatical y sintáctico más consistente, con un mayor vocabulario. Bernstein desarrolló así una teoría sociológica del aprendizaje social, analizando las restricciones que se presentan a partir de la clase social, el poder, la división social del trabajo y el control social.

Esta realidad de la existencia de chicos de sectores populares que no cuentan con un lenguaje elaborado que les permita expresarse con soltura y fluidez para decir lo que quieren decir en el momento en que desean hacerlo, es un hecho en nuestras escuelas:

"Libertad de opinión, la tienen los chicos, pero no saben expresarse. Se les vuelve en contra. Adentro, en vez de escucharlos, los restringen más".

Esto dice un directivo refiriéndose a este doble discurso de las escuelas entre lo que se plantea como guión pedagógico, y lo que sucede en el vínculo diario con los jóvenes cuyo lenguaje es restringido.

Resulta fundamental entonces preguntarse cómo se construye desde las prácticas con jóvenes la universalidad y la particularidad en las instituciones educativas, entendiendo que existe necesidad mutua, pero también rechazo entre lo universal y lo particular, y que hay que posibilitar en los procesos educativos que la particularidad tome la representación –aunque incierta e inestable– de la universalidad.

La conformación de ciudadanía implica una relación compleja entre el Estado, sus instituciones y la sociedad civil, relación en la que se construyen sentidos diversos de identidad y pertenencia, derechos, participación e inclusión. La lucha por lograr reconocimiento por parte de sectores marginales conlleva a la necesidad imperiosa de ser escuchados, de tener "voz" para poder reclamar un lugar en la sociedad. Otorgar la palabra a nuestros estudiantes instaura por lo tanto la posibilidad de generar cambios importantes en la cultura de las escuelas desde las relaciones de poder que se establecen y las subjetividades de alumnos y profesores, tal como lo expresa la supervisora:

"Yo creo que siempre que se da la oportunidad de que se tome la palabra seriamente, indagando en relación con la propia historia, con la propia construcción de subjetividad, con la inserción en determinados espacios, siempre que ocurre esto, la persona ocupa un lugar distinto en el encuadre ciudadano. El que no tiene palabra, su participación está muy recortada. Dar y tomar la palabra es una de las claves para la participación ciudadana".

El lenguaje es constitutivo de la capacidad de un pensamiento crítico y de acciones comprometidas, propios de la construcción de ciudadanía. Al respecto, Marx y Engels (1974) planteaban que el lenguaje es tan viejo como la conciencia, pues es la conciencia práctica, la conciencia real. Explican que las personas reales y actuantes son productoras de sus representaciones. Sin embargo, la presencia de interlocutores que "canonizan" el mundo convierte los conflictos reales en conflictos ideales.

En este sentido, es preciso dilucidar cuáles son los intereses que interjuegan y las relaciones de poder a partir de las cuales se estructuran las conversaciones. Giroux formula estas preguntas: "¿Quién participa en la conversación? ¿Quién controla las condiciones del diálogo? ¿Quién queda afuera? ¿Cuáles son los intereses que se sostienen? ¿Las narraciones de quién se distorsionan o se marginan?" (Giroux, 2006, p. 107).

Resulta fundamental entonces la formación en competencia verbal en los jóvenes, como un propósito básico del curriculum educativo. Pero para ello se requiere brindar experiencias variadas y múltiples oportunidades de aprendizaje que generen en los sujetos una conciencia discursiva, con capacidad de verbalizar lo que se sabe y se cree, a partir de una determinada visión del mundo y de las posibilidades de transformación del mismo.

Bronckart (2007) observa que el actuar comunicativo se organiza en diferentes niveles encastrados. Textos compuestos por diferentes discursos, constituidos por formas lingüísticas caracterizadas por restricciones en la selección de las unidades morfosintácticas utilizadas. A partir de ellos, se generan mundos discursivos como sistemas de coordenadas dentro de los cuales se produce el intercambio que requieren de procesos mentales, verbales y razonamientos prácticos, causales o lógicos. La semiotización de conocimientos prácticos en signos y estructuras verbales que se producen en el marco de textos, son portadores de valores históricos y culturales. El pensamiento se desarrolla por razones prácticas, las que cuentan con medios propios para superar sus propios límites. De esta manera, la participación en estos mundos posibilita el desarrollo del pensamiento utilizando diferentes mecanismos, que a la vez transforman el contenido de los constructos colectivos. Los alumnos del CUP afirman:

> "... surgió más que todo una idea de que le podíamos enseñar a los chicos, y qué mejor manera que a través de las ramas de hip hop, porque el hip hop es una cultura que tiene cuatro ramas que están muy buenas, porque todas tienen formas de expresarse, y nosotros, cada uno, nos especificamos en cada una..."

> "...Nos dimos cuenta que los chicos son capaces de hacer un montón de cosas, que no había límites... a mí nadie me enseñó a dibujar esto, y dibujar es lo que más me gusta a mí... Entonces lo que no le enseñó un maestro quería enseñarlo yo, tener la posibilidad de enseñarle a los chicos este camino".

La participación en la experiencia les permitió a los alumnos ubicar a los sujetos destinatarios desde el lugar de la posibilidad, y tomar conciencia de los propios procesos y de los de otros. La selección de unidades morfosintácticas a partir de una razón práctica posibilitó el desarrollo del pensamiento, de nuevas acciones y de otra visión de los alumnos discapacitados que revierte los constructos colectivos. No sólo el lenguaje verbal forma parte de las experiencias que realizan los alumnos. La imagen se incorpora como otro modo de comunicación, con códigos y procesos de pensamiento diferentes a los que habitualmente presta atención la escuela. Así lo expresan dos estudiantes:

"… yo fui con la idea de enseñarle dibujo y grafiti. El grafiti normalmente engloba mensaje y yo quería que en ese mensaje ellos pudieran expresarse, y a través del dibujo, y que bueno… puedan dibujarlo y hacerlo. Queríamos que ellos puedan expresar un sentimiento con ese mensaje, y yo les enseñé dibujos y formas de cómo hacer el grafiti a través de… o escribiendo su nombre…"

"Primero les hicimos buscar información para que armaran unos afiches para ver qué es esto de la contaminación ambiental, qué cosas contaminan, cómo se puede contaminar, cómo se puede evitar la contaminación y a los chicos lo que más les interesó fue el reciclaje. Entonces nosotras les propusimos armar máscaras con cartapesta y reciclar diarios y esas cosas, y después para que quede un mensaje, armar un teatro de máscaras".

Se evidencia cómo la imagen sintetiza una condensación metafórica que requiere de un trabajo cognitivo de inferencias y comparaciones. Se despliegan nuevas formas de simbolización centradas en la comprensión rápida de temas que atraen. No es necesario repetir información, sino desarrollar la interpretación como proceso cognitivo privilegiado. Asimismo, las intervenciones de los alumnos dan cuenta de la posibilidad de adecuar sus recursos simbólicos a la realidad que se le presenta. Toman decisiones estratégicas y las argumentan. La participación utiliza otros códigos de comunicación.

Los docentes de los proyectos de las instituciones analizados hacían especial hincapié en la importancia de generar espacios reales de participación para los jóvenes en las instituciones, lo cual implica como condición irrenunciable saber escuchar a todos, respetar los tiempos, propiciar un clima de respeto, confianza y valoración por todos y cada uno. Así lo testimonia la integrante del equipo técnico con funciones de coordinación de los CAJ en el sur de la provincia:

"Y sí, están fuera del colegio. Tampoco ven que el pasaje por el colegio te va a dar por lo menos un título, que te va a habilitar para entrar a otros lugares, ni siquiera… fuimos con un gran objetivo, lo fuimos acomodando a la realidad y lo posible. Vos no podés marcar ciertas discusiones adentro cuando empezás, porque se te va todo el mundo. Entonces tenés que buscar cómo primero hacer que ese espacio sea el lugar donde ellos sienten que se puede charlar, discutir, donde están no contenidos –no es la palabra– sino donde se sienten parte, digan lo que digan. Aunque no estemos de acuerdo, nadie los va a sacar, ni ellos se tienen que ir".

Uno de los jóvenes que participó en uno de estos Centros explica sus propios cambios de comportamiento, pues en un comienzo él era muy callado e introvertido, y paulatinamente empezó a animarse a hablar, y pudo hacer presentaciones musicales. Este adolescente valora también los momentos en que los adultos del CAJ compartían con ellos anécdotas y consejos:

> "...digamos, como que perdí un poco el miedo al público, porque yo estuve... no me acuerdo cuánto estuve, 4 o 5 años ahí, y no fui a la muestra hasta hace poco, no me animaba [...] venían clínicas, ahora que me acuerdo... venían músicos que hacían música, que hacían Blues, de Chile, y vinieron a charlar con nosotros, que te abrieron la cabeza... anécdotas y cosas así".

En el caso del CUP, el director comenta que uno de los espacios privilegiados para otorgar voz a los alumnos es el Centro de Estudiantes –CECUP–. Se intenta con la conformación de este centro ser coherentes con la formación que se brinda, la cual pretende alumnos críticos y reflexivos, que realicen un ejercicio de la ciudadanía. Los estudiantes del CUP todos los años eligen nueva comisión directiva. Hay una junta electoral, un cronograma, presentación de listas y elecciones. Además, en el Consejo Consultivo Interdepartamental los alumnos tienen voz, aunque no tienen voto. En este ámbito ellos pueden participar, vía centro de estudiantes o vía particular. Entre las instituciones educativas de nivel secundario de la región, el CUP ha sido pionero desde hace varios años en la eliminación de amonestaciones y en la creación de normas de convivencia, consensuadas por toda la comunidad educativa, con una participación relevante del estudiantado.

Pero más allá de estas experiencias enriquecedoras para el aprendizaje, hay que tener en claro que la educación por sí misma no asegura formación en los valores de la ciudadanía crítica ni en la democratización. El hecho de que reconozcamos que la educación tiene la potencialidad de contribuir a desarrollar procesos de democratización, no implica asumir que desde una transmisión "bancaria" o distribución de los conocimientos socialmente legitimados se van a poder construir conciencias críticas en los jóvenes.

Cabe preguntarse qué tipo de saberes se necesita adquirir en las instituciones educativas para promover sociedades más democráticas e interpeladoras de las injusticias y desigualdades, y qué formas de enseñanza resultan más apropiadas para ello. No todo conocimiento elaborado propicia el logro de estos propósitos, ni tampoco cualquier método didáctico posibilita alcanzar niveles significativos de reflexión en los estudiantes, a partir de la apropiación de actitudes y valores vinculados a una ciudadanía que no se sitúa en la complicidad del status quo vigente, sino que pretende transformarlo.

El ejercicio de la solidaridad

La ciudadanía constituye un ámbito relacional y conflictivo, por los dilemas que genera la negociación del poder a partir del cual se construyen y reconstruyen vinculaciones complejas entre los ciudadanos y el Estado, y entre los mismos ciudadanos. Siempre se presentan luchas entre quienes pueden decidir y quienes no pueden hacerlo, respecto a lo que se decide y a cómo se lo hace.

La comunidad se establece como una totalidad, pero es constantemente interpelada por la estructura desigual de clases. Estas luchas por el poder representan asimismo prácticas culturales diversas desde las cuales se construyen identidades, pues los sujetos no definen su identidad sólo a partir de los medios y las relaciones de producción, sino también como vecinos de un determinado barrio, practicantes de algún deporte, simpatizantes de un club, consumidores, estudiantes, jóvenes que dejaron la escuela, etc.

Los actuales movimientos sociales en Argentina, por ejemplo, tienen su origen en ciertas luchas por reclamos de distintos sectores, pero van configurando un desarrollo que se aparta de las instituciones políticas tradicionales. En este sentido, puede hablarse de discontinuidad, pues en el caso de los movimientos sociales del presente, estos nuevos sujetos políticos se conformaron a través de su relación antagónica con otras formas de subordinación recientes, a partir de la implantación y acrecentamiento de las relaciones de producción capitalista y de la intervención creciente del Estado (Laclau y Mouffe, 2004).

Estos movimientos sociales cuestionan el estatus vigente, y generan prácticas tendientes a lograr cambios y replanteos. Son éstas características muy importantes para la educación en ciudadanía, pues implican procesos de subjetivación pedagógica basados en la confirmación de la igualdad.

En nuestras actuales escuelas medias, pueden mencionarse varias temáticas asumidas con compromiso por los jóvenes que interpelan los paradigmas sociales, políticos, económicos y culturales existentes, como sucede con los grupos ecologistas de defensa del ambiente; la reivindicación de los derechos de los pueblos originarios; y la lucha contra toda forma de discriminación de las personas con otras capacidades, por citar sólo algunas de las muchas causas con las que se identifican los jóvenes desde actitudes responsables y prácticas de agenciamiento.

Constituyen prácticas que los jóvenes abordan desde el terreno de lo político, y que pueden ser consideradas como "analizadores" de las crisis acerca de los modos tradicionales de la política. En este sentido, es necesario desnaturalizar los presupuestos que sostienen el corrimiento de las nuevas generaciones respecto a la reflexión y el compromiso acerca de la teoría política, como así también explicitar la imbricación que tienen tanto el pensamiento como el accionar de los jóvenes vinculados a un debate político más consustanciado sobre la profundización de la democracia.

Los jóvenes del CUP explican sus proyectos de pasantía de aprendizaje en servicio para los Talleres Integradores de tercer año, haciendo hincapié en aquellas prácticas que les permitieron interpelar ciertos paradigmas. Reconocen la significatividad de los aprendizajes logrados con estas experiencias, encontrándoles un mayor sentido a los propósitos educativos del colegio, que van más allá de los cánones institucionales. Uno de los jóvenes comenta, por ejemplo:

> "...aprendés de otra forma, o sea, a mí lo que me pasó fue que cuando íbamos terminando... es una pena no poder seguir con esto, porque el año que viene nos vamos a estudiar. Hay que encontrarle la forma también, pero ya teniendo el incentivo desde el mismo colegio, es como que te mueve a hacer cosas. Y bueno, acá nosotros [en el CUP] tenemos chicos de catorce y tal vez sean un poco chicos, pero está bueno empezar a ponerles en la cabeza esto de 'miren que está bueno ayudar', que no es sólo: vamos a ayudar a los chicos que no tienen ropa, es: vamos a dejarle algo importante a nuestra ciudad, a una institución, a un colegio, a un barrio, estamos haciendo un bien, estamos colaborando, construyendo lo que va a ser nuestra ciudad en diez años, cuando nos toque vivirla y trabajarla y organizarla".

Un discurso común en los objetivos que aparecen en la mayoría de los textos curriculares, es el relativo al desarrollo de la reflexión crítica en los alumnos. Sin embargo, desarrollar la reflexión crítica no es homologable a formar conciencias críticas.

Optar por educar a los jóvenes como ciudadanos críticos en lugar de ciudadanos "funcionarios" preparados sólo para sostener el proyecto político oficial, implica generar dispositivos pedagógicos para que puedan comprender y sentir al mismo tiempo: "pensamiento tal como es sentido y sentimiento tal como es pensado" (Williams, citado en Tamarit, 2004).

Desde esta concepción, la escuela tiene que abogar por una formación basada en la construcción de sensibilidades, tendiendo a lograr una visión de futuro que le otorgue sentido al concepto de vida comunitaria. La democracia será entendida entonces como un campo de lucha que posibilita extender los derechos de las personas, mejorando de manera ostensible la calidad de la vida humana. Implica relacionarse con los otros desde la norma de la reciprocidad complementaria, donde cada uno tiene el derecho a esperar del otro modos de comportamiento desde los cuales puede sentirse reconocido como un individuo concreto, con talentos, necesidades y deseos propios. En este sentido las diferencias, en vez de excluir, complementan. Las normas de la interacción se construyen desde actos basados en la solidaridad, la amistad, el cuidado y la ayuda, conformando la humanidad del "otro" como sujeto, y la individualidad humana a partir del reconocimiento de la alteridad.

Un aspecto importante es evitar confundir solidaridad con cooperación, pues ésta consiste fundamentalmente en la búsqueda de beneficios mutuos, sin que necesariamente se compartan propósitos. Las acciones cooperativas y colaborativas poseen un carácter más instrumental, a través del intercambio de diferentes bienes materiales o simbólicos en un proceso en el que no resulta imprescindible el interjuego de la solidaridad. Las actitudes solidarias, en cambio, se sustentan en una concepción de igualdad por la cual todo individuo es valioso, y es un fin en sí mismo.

En el caso de los estudiantes del CUP, la comprensión e identificación con las diferentes problemáticas sociales abordadas posibilitó que los jóvenes pudieran tender puentes, para superar las distancias psicosociales que nos separan de los conflictos y las necesidades de otros.

Los jóvenes manifiestan que las experiencias de aprendizaje en servicio logradas a través de pasantías en instituciones los desestructuraron. Dicen que las mismas les "*cambiaron la cabeza*". Explican que en un comienzo se resistían a realizar tareas de voluntariado, pero que luego, a partir de las vivencias alcanzadas, modificaron radicalmente su actitud y su forma de pensar. Reconocieron que ayudar a otros constituye una oportunidad valiosa, que les ha permitido crecer como personas. Algunos jóvenes, incluso, quieren continuar con la realización de actividades de voluntariado en su vida futura:

> "Yo tengo pensado seguir, aparte de visitar la escuela, tengo pensado seguir algo que no tiene nada que ver, pero tal vez... lo vengo siguiendo

hace mucho... es el voluntariado, es seguir... ¿cómo decirlo? Es seguir como bombero, como voluntario..."

El sujeto es portador de derechos, lo cual le otorga sentido a su existencia. Pero estos derechos demandan el deber de la solidaridad, no como mecanismo garantizador de la integración social y la convivencia de los ciudadanos, sino como un medio que posibilita otorgar a cada uno la autonomía y la seguridad, sin las cuales no se puede construir el sujeto como tal. Esto implica trascender las limitaciones que imponen tanto el mercado como el comunitarismo, con su obsesión por la homogeneización y los valores absolutos. El diálogo genuino es también un principio fundamental, pues conlleva al reconocimiento del Otro, a la diversidad, a las culturas diferentes, a la pluralidad y las identidades múltiples.

La institución escolar debe formar al sujeto desde y para su libertad, reconociendo la existencia de demandas individuales y colectivas, y superando la concepción de que el joven es un ser incompleto e inacabado cuya mente tiene que ser "formateada" con la educación. Cada niño y cada joven posee una historia personal y colectiva, con características particulares y diversas que es preciso conocer y respetar. La voluntad por reconocer las desigualdades, propiciando propuestas educativas que posibiliten a los jóvenes asumir algún papel activo vinculado a situaciones sociales concretas, constituye otro aspecto central de la formación en ciudadanía.

Los cambios realizados por los actores del CUP dan cuenta del compromiso institucional con una formación en ciudadanía interpeladora de los cánones impuestos por el mercado, asumiendo el desafío de propiciar en los estudiantes el pensamiento crítico y la proyección de cursos de acción.

Si la escuela procura adaptarse a las demandas y tendencias dominantes de la sociedad, al mundo de los empleadores y administradores, corre el riesgo de excluir. Como planteaba el director en referencia a la revisión efectuada por el colegio acerca de la existencia de contradicciones entre las teorías enseñadas y el carácter de las prácticas realizadas por los estudiantes en años anteriores, se puede generar la paradoja de que sea la propia educación pública y obligatoria la que instaure más desigualdad social.

Los jóvenes de los CAJ relatan varias experiencias de ejercicio de la solidaridad. Algunas surgieron a partir de circunstancias fortuitas, como por ejemplo la propuesta de elaborar comidas y organizar rifas con la finalidad de juntar dinero para reponer el instrumento musical que le fuera robado a uno de los profesores talleristas a cargo de la enseñanza de guitarra. Estas ideas fueron acordadas por el grupo de jóvenes participantes del Taller, como también otras más acotadas que pretendían brindarle afecto y contención al profesor que estaba pasando por un mal momento.

El hecho de ayudarse unos a otros para protegerse de los peligros de la inseguridad al salir de la escuela, constituye también un ejemplo de las numerosas acciones solidarias emprendidas por los jóvenes, tal como lo expresa una adolescente que participó en algunas actividades de uno de estos centros:

"Nos queríamos organizar, para poder irnos todos juntos y estar más seguros. Entonces los que iban para zona sur se esperaban y después se iban todos juntos. Y querían… no sé si al final hicieron algo, porque querían hacer… juntar plata, una colecta, para poder comprar una nueva guitarra; para tener en el CAJ y para el profesor que se quedó sin guitarra. Igualmente ese día, para que se sienta mejor, en el taller de cocina habíamos hecho galletas… se las regalamos…"

Los proyectos y actividades realizados y descriptos por los jóvenes han generado las condiciones para el ejercicio de la solidaridad, como el aprendizaje de una actitud de vida que sólo puede adquirirse por intermedio de la acción, brindando permanentes oportunidades desde las instituciones para evitar que la misma sólo sea una retórica discursiva.

CAPITULO 6

Innovaciones educativas y contextos

Silvia Coicaud y Lucrecia Falón

Los discursos del siglo XXI comúnmente se refieren a los cambios e innovaciones en el campo de la educación en un contexto de proyectos de innovación educativa propuestos por organismos públicos, privados y asociaciones civiles, para el incremento en la producción de conocimientos en el campo de la didáctica como así también para el desarrollo y aplicación de las nuevas tecnologías de la comunicación y la información en la enseñanza. No obstante, entre los educadores surge la inquietud sobre qué es y qué no es innovación, cuáles fueron los impactos de las innovaciones exitosas y cuáles han sido un verdadero fracaso en la historia de la educación de nuestro país.

En ocasiones se opone la educación innovadora a la educación tradicional. En este sentido, es posible precisar que la educación tradicional implica un conjunto de concepciones, métodos de enseñanza y formas de organización de las disciplinas que resultan obsoletas o anacrónicas, aunque se utilicen cotidianamente en las escuelas. Este constructo de educación tradicional es empleado como una especie de depósito de los residuos pedagógicos, en el que se proyecta todo lo indeseable: autoritarismo, enciclopedismo, memorización, selectividad, represión, descontextualización, transmisión, uniformización, repetición, conservadurismo, etc. El término innovación se utiliza comúnmente para referirse a la novedad y al cambio. Etimológicamente, el prefijo "in" significa introducción de algo nuevo en lo que preexiste, "nova" refiere a novedad, hacer de nuevo, cambiar, a lo sorpresivo o desconocido y el sufijo "ción" supone acción, proceso, resultado, efecto (Trilla, 1996).

Pero este pensamiento dicotómico entre tradición e innovación obstaculiza el entendimiento de las propuestas educativas, porque no siempre todo lo tradicional resulta ser obsoleto ni todo lo innovador es realmente tan nuevo; es más, lamentablemente en nuestro país se duda con frecuencia de los resultados y efectos de las innovaciones en relación con los cambios en las formas pensar y actuar de los docentes. La falta de difusión o el lenguaje sumamente tecnicista hacen de las innovaciones procesos crípticos o enigmáticos que obstaculizan su conocimiento y reproducción en otros espacios. La preocupación por los efectos se vincula a una perspectiva tecnológica de la innovación, centrada en la producción y la eficiencia. Por otro lado, la atención a los procesos de negociación, a las relaciones de poder, a la distribución de tareas y recursos, a la relación con el contexto, responde a una perspectiva política de la innovación (House, 1988). Desde una visión cultural, se interpreta a la innovación a partir de los significados y valores que la misma tiene, tanto para sus actores como para el contexto, pues se modifican las relaciones sociales.

La innovación educativa, un proyecto colectivo

Según Imbernón, la innovación individual resulta superficial, pues es la labor colectiva la que le otorga un sentido más duradero a la transformación. Esto sucede porque las innovaciones grupales suelen formar parte de proyectos propios y contextualizados, en los cuales se han acordado valores y propósitos, y se han tomado los resguardos necesarios para poder desarrollar las actividades profesionales previstas en circunstancias favorables. Desde el punto de vista del autor, las innovaciones, dentro de sus características –además de la originalidad, la contextualización y la deliberación para la búsqueda de soluciones a situaciones problemáticas– deberían contemplar también la indagación colectiva, mediante el diálogo, la reflexión y el análisis crítico. Considera que la relación innovación-investigación en la práctica debería ser indisoluble. También se ocupa de analizar la relación entre innovación y creatividad, señalando la diferencia entre ellas: "la creatividad es un proceso que genera nuevas ideas, y la innovación, por su parte, un proceso a través del cual esas nuevas ideas son transformadas en algo útil para los practicantes (se acercaría más a un proceso de aplicación de lo inventado)" (Imbernón, 1996, p. 64). Además, aborda los conceptos de contexto y de práctica institucional, para diferenciar la experiencia de innovación aislada de la innovación institucional, que pretende una institucionalización y modificación del contexto. Se preocupa en advertir que "no todo proceso de innovación institucional es necesariamente favorable, en todo tiempo y circunstancia", considerando que se puede asumir como "actitud innovadora" la capacidad de adaptar, resistir o rechazar una propuesta de innovación, ya que las situaciones educativas no son uniformes, sino múltiples y contextuales (Imbernón, 1996, pp. 64-65).

Por esta razón, es importante recuperar la distinción entre inventar e innovar de Françoise Cros que presenta Libedinsky (2001):

"Inventar consiste en descubrir algo nuevo en un dominio dado, mientras que innovar es darle a esto un espacio social (...) Dar espacio social significa destinar recursos materiales, tiempo, energía, convocar a los profesionales que sepan cómo impulsar, activar, promover la innovación en cuestión, significa comunicar a los otros (otros docentes, otras instituciones educativas, los alumnos, las familias, los colegas, la prensa especializada) qué se busca, qué se pretende, por qué razones se hace".

Es decir, las innovaciones no pueden ser diseñadas sólo desde puestos de conducción política, sino que deben encontrar su espacio social. Es así que, según la autora, surge *la innovación didáctica emergente*, distinguiéndola de las innovaciones institucionales, ya que son los actores los que las conciben y experimentan sus efectos, ideados a partir de sus trayectorias personales y profesionales para mejorar las prácticas de enseñanza, promoviendo de esta manera algunos cambios en la cultura institucional. Así lo define:

"Las innovaciones didácticas emergentes son propuestas de enseñanza generadas por docentes de aula, caracterizadas por la ruptura y oposición con prácticas vigentes consolidadas, profundamente ensambladas con el contenido curricular disciplinar, y que atienden a los intereses culturales de los docentes que las diseñan y lideran, como a los intereses culturales de sus estudiantes" (Libedinsky, 2001, pp. 21-34).

Las innovaciones educativas siempre son situadas, y parten del supuesto de que los cambios son posibles porque toda estructura social es descentrada, contingente, abierta y sujeta a la trama particular de relaciones sociales que se tejen en un momento determinado, lo que supone otras posibilidades de múltiples e indeterminadas articulaciones. Además, toda estructura contiene dislocaciones, fisuras y desajustes que otorgan un margen de libertad a los sujetos, para pensar en cambios e innovaciones, tomar decisiones y construir nuevos centros de poder y discursos en el campo educativo.

La definición de los significados y sentidos que las innovaciones educativas asumen, se dirimen en un campo de contradicciones y luchas por la hegemonía del significado de las mismas, entendiendo que la hegemonía implica la capacidad que adquiere un discurso para representar a una universalidad que es estrictamente inconmensurable (Laclau, 2008). No es posible pensar en una imposición unilateral de los significados desde las políticas del Estado, pues los mismos implican la participación de los diversos actores de la educación, en la medida en que dichas políticas, reformas o propuestas de innovación interpelan a los sujetos de la educación desde sus propias prácticas, su formación y sus proyectos profesionales. Nunca existe una apropiación pura de las mismas, pues la apropiación implica transformación, reformulación y trascendencia. Las formas que adoptan estos procesos suponen no sólo la intervención de los sujetos involucrados, sino también la influencia de los escenarios espaciotemporales y de las estructuras que históricamente han conformado los distintos campos culturales.

Las políticas interpelan la identidad de los docentes, pero ésta no se agota allí, y muchas veces quedan inamovibles las matrices fundadoras de dicha identidad. En este sentido, las nuevas propuestas para la enseñanza de la ciudadanía que se han sugerido desde las reformulaciones en los diseños curriculares en Argentina, no siempre han logrado ser aceptadas por parte de los docentes, pues esto conlleva procesos que implican tiempos necesarios de reflexión, asumiendo posicionamientos teórico-ideológicos.

Desde esta concepción, podemos sostener que la reforma educativa de los años noventa en el país no logró relacionar todos los elementos componentes de un discurso pretendidamente hegemónico en su proceso de articulación, ante la evidente desvinculación de los elementos diferentes del mismo (por ejemplo, las condiciones institucionales). Los propósitos y alcances de esta reforma tuvieron difusión en el medio, pero no diseminación. No hubo participación real por parte de los docentes, sino instancias de información unidireccionales entre las autoridades y gestores del sistema educativo, y los docentes que debían llevar al aula las nuevas ideas, contenidos y estrategias. Más allá de los discursos pretendidamente hegemónicos de quienes propiciaban la denominada "transformación educativa", no hubo cambios sustanciales en las prácticas de los docentes, pues para que ello sucediera era imprescindible que se generara una interrelación entre los elementos de la estructura y determinadas formas de conciencia que requieren respuestas políticas.

Se necesita vincular aspectos económicos, sociales, culturales e históricos propios del sistema para que las reformas no sean una mera adaptación cosmética, sino una convocatoria genuina para construir cambios duraderos en las prácticas pedagógicas. Los docentes percibieron un desfasaje entre los valores y discursos transmitidos por los promotores de la reforma, y la realidad de sus prácticas en las instituciones educativas. Se vislumbró la existencia de ciertos ritos y retóricas que no condecían con las problemáticas concretas del trabajo docente y con muchas de las necesidades de los jóvenes. De este modo, la pretendida innovación fue sustituida por la mera aplicación de normativas y por la enseñanza de algunos contenidos nuevos, pero las prácticas existentes estuvieron lejos de ser transformadas, como se propugnaba desde los discursos reformistas.

Estos hechos de la realidad ponen en evidencia que, cuando las reformas se imponen desde afuera sin la intervención plena de los docentes –o con una participación restringida a aspectos secundarios de mera sustitución de ciertos contenidos por otros– la innovación educativa no tiene lugar. Sólo cuando las propuestas de cambio y mejora surgen desde abajo, desde los grupos de docentes y otros actores de la institución, logran plasmarse en las prácticas pedagógicas, pues la innovación educativa no puede erigirse a partir de la desconfianza y el desconocimiento.

Las normativas de la escuela se actualizan a partir de las representaciones que construyen los docentes cuando reflexionan sobre su trabajo. Las normas se tienen en cuenta, pero no se reescriben en sus propios términos a cada paso. En este sentido, la identidad no es conmovida fácilmente por las políticas educativas de reforma, ni por los proyectos innovadores. Ni siquiera desde sus costados de sanción.

En los proyectos pedagógicos institucionales que pretenden enseñar la ciudadanía de manera innovadora, la participación comprometida de la comunidad educativa es fundamental, pues resultaría contradictorio abordar estos contenidos de manera aislada como prácticas áulicas desarticuladas de la realidad de la escuela y de su contexto de pertenencia.

La interpelación es "la operación discursiva mediante la cual se propone un modelo de identificación a los agentes sociales a los cuales se pretende invitar a constituirse en sujetos de un discurso (…) la interpelación ocurre en circunstancias en que hay posibilidades para la desarticulación de una identidad y supone la proposición de un modelo de identificación distinto del que está asumido inicialmente, la invitación a ser otro de lo que se es en alguno de los rasgos de la identidad del sujeto (…) se presenta una posicionalidad social con la cual se espera que el agente se identifique, se reconozca" (Díaz, 2001, p. 197). Las interpelaciones de diferentes actores y movimientos sociales a la escuela –y en particular a las prácticas docentes– permiten reflexionar sobre las posibles alteraciones que pueden socavar el monolítico discurso pedagógico de la modernidad que se personifica en los docentes.

Es importante plantear que las interpelaciones no dicen "qué hay que hacer" o "cómo hay que hacer", sino más bien qué prácticas o identidades deben cambiarse o eliminarse. Constituyen un acto de creación, pues no existen preceptos didácticos o recetas para la acción. Por otra parte, ningún colectivo cambia porque alguien se lo diga, simplemente. Hay que resignificar la identidad y transportarla hacia una nueva cadena de significantes en donde las equivalencias no sean las mismas, con posibilidades de subvertir las impuestas. Esto implica una operación hegemónica, para desarticular y reactualizar significaciones.

La sobredeterminación es mutua, y se construye en articulación con procesos institucionales, profesionales, históricos y culturales. Toda innovación educativa para constituirse como tal debería considerar, por lo tanto, las problemáticas y demandas planteadas por los distintos actores de la educación, incluidos los docentes, los padres, los alumnos, las autoridades, los especialistas, etc. Las propuestas de innovación educativa deberían tener, por ende, la capacidad de articular sentidos, prácticas, valores, saberes, demandas y proyectos de los docentes y demás agentes en sus diversos posicionamientos para instituirse políticamente con sustento.

Las propuestas de cambio generan movimientos antagónicos, de apoyo o de resistencia, basados en valores, concepciones político-ideológicas y grupos de interés que pueden contraponerse o coincidir con tales propuestas. Los procesos de innovación se crean discursivamente, se inscriben en una red configurada por diversos discursos, al resguardo de la cual se genera toma de posición, relaciones con diversos grados de conflictividad, y negociaciones entre grupos e instituciones. Tal como lo afirma Buenfil Burgos, "el discurso, en la medida en que es constitutivo de lo social, es el terreno de constitución de los sujetos, es el lugar desde el cual se proponen modelos de identificación, es la constelación de significaciones compartidas que organizan las identidades sociales. El discurso es, en este sentido, espacio de las prácticas educativas, si se quiere, no hay prácticas educativas al margen de una estructuración de significaciones" (Buenfil Burgos, 1993, pp. 7-8).

Las prácticas articulatorias constituyen y organizan las relaciones entre diversos agentes del sistema educativo, fijando parcial y provisoriamente las relaciones y los espacios, contribuyendo también a la constitución de las identidades de los agentes sociales. En medio de articulaciones y rearticulaciones de sentido se construyen los discursos que sostienen las propuestas de innovación, con tramas de argumentos que dan lugar a contingentes y diversos procesos de identificación.

Las prácticas innovadoras plantean problemas frente a los intersticios de la estructura educativa. Propuestas, estrategias, acciones y valoraciones se inscriben en una red de significados discutiendo, rechazando, trasladando o afirmando discursos anteriores o contemporáneos. Son significantes específicos, que pretenden incidir en el conjunto a través de interacciones para que esa diferencia llegue a ser hegemónica. Pero esta práctica lleva en sí la posibilidad de ser neutralizada desde las luchas por la hegemonía.

Los cambios lineales no son posibles en los proyectos de innovación educativa. Siempre existe orden y desorden, conflicto y consenso formando parte de ese lugar: el cambio educativo, que a veces se constituye en un no-lugar. Las modificaciones en las prácticas no se producen en forma mecánica, ni por el mero voluntarismo de algunos pocos. "Las instituciones fabrican actores", y éstos pueden generar nuevas formas de trabajo para reconocerse y reencontrarse como tales, en un proceso en el cual operan reglas, preceptos y rutinas. Los actores llevan marcas y estigmas, ocupan posiciones y abren caminos entre las normas establecidas y el desafío de instaurar otras construcciones culturales (Ardiles *et al.*, 1999, pp. 11-16).

La promoción de la autonomía y libertad, y la formación de ciudadanos y ciudadanas críticos y transformadores de la realidad sigue siendo un contenido con escasas experiencias innovadoras en el campo de la enseñanza en nuestras escuelas. En este tipo de experiencias, los docentes orientan a los alumnos hacia la problematización, el debate, el cuestionamiento, la búsqueda y la construcción de criterios para la acción, reconociendo sus posibilidades como sujetos para incidir en los cambios del mundo y participar en las relaciones de poder.

Las propuestas de innovación se desligan de un patrón fijo de desarrollo, para ceder a los diferentes escenarios, circunstancias y grupos. Los procesos de innovación surgen situados y contextualizados en las peculiaridades de las situaciones concretas de enseñanza y aprendizaje que tienen lugar en escenarios singulares. Toda innovación representa una ruptura respecto a los modos tradicionales de abordar ciertas prácticas, arraigadas cultural e institucionalmente. Esta ruptura envuelve un conjunto de saberes y de capacidades construidos como propiedad colectiva de una organización, e incluyen categorías cognoscitivas, códigos de interpretación de la información, habilidades tácitas y heurísticas de solución de problemas, difíciles de transmitir e imitar.

Los procesos de reconstrucción de relaciones entre el conocimiento, el poder y los deseos en las instituciones educativas dan cuenta de la existencia de conflictos entre grupos que responden a intereses diversos, pues en las escuelas se generan luchas por el cambio de circunstancias y por el cambio de subjetividades. En relación con las circunstancias, el aspecto más relevante es la identificación de las condiciones materiales e ideológicas desde las cuales se ejerce y manifiesta el poder, que consiste no sólo en guiar las posibilidades de conducta, sino también en estructurar posibles campos de acción para las personas (Foucault, 1982). Pero también es necesario que cambien las subjetividades en las escuelas, y que a los maestros y profesores se les reconozca autoridad para poder organizar las condiciones de trabajo, mejorando aquellos aspectos que resultan inapropiados.

La intervención sostenida de los educadores en las decisiones para la concreción de una pedagogía progresista, constituye una cuestión prioritaria para que se puedan construir nuevas subjetividades en las instituciones. Es un hecho conocido que desde la agenda de la tradición conservadora, en los supuestos cambios curriculares para innovar en educación se prioriza el aumento del lucro empresarial, el debilitamiento de las organizaciones conformadas por trabajadores y la reducción del gasto público. En el discurso neoliberal, los niños y jóvenes son calificados como "futuros trabajadores", dentro de una concepción que no los contempla como ciudadanos, sino como consumidores libres. La sectorización de la sociedad en clases sociales, razas, etnias y edades en pos de establecer circuitos privilegiados de poder y riqueza se ha basado en falaces argumentos morales y biológicos.

Una pedagogía innovadora y promotora de la formación en ciudadanía debe poder hacer evidentes las formas en que el poder es producido y extendido a través de prácticas culturales que motorizan y legitiman distintas formas de subordinación. Los valores son construidos histórica y relacionalmente. Las identidades tienen un carácter contingente y son conformadas desde diversas relaciones sociales y discursivas, es decir, no son esencias de contenidos estables. Una pedagogía poscrítica debe poder reconocer y promocionar visiones diferentes, posibilidades y pluralidades para interpretar el futuro en su dimensión contingente, debe poder recuperar la idea de emancipación en un sentido amplio, no determinado, sino socialmente constituido desde múltiples espacios e imaginarios.

Arriesgarse a innovar

Revisitar la escuela, volver la mirada sobre ella, tendría que ver con encontrar intersticios. Así, en los caminos ya conocidos, de pronto puede aparecer el sendero poco transitado, que provoca curiosidad, sorpresa y también desilusión y, a pesar de todo, invita a ser recorrido para renovar la mirada, para pensar el "cómo", el "qué", el "desde dónde", el "para qué" (Nicastro, 2006).

Arriesgarse, animarse, ser audaz y apostar por las propuestas innovadoras en las instituciones educativas sin que éstas sean sólo cambios banales, sino cambios con sentido y significación, es el compromiso que han asumido los actores de los proyectos que hemos analizado.

Freire sostiene que la tarea de enseñar no debe quedar reducida a la mera transmisión de contenidos o destrezas, sino que debe avanzar un paso más para comprometer a los docentes y alumnos con su entorno social y cultural. Ello implica ser audaz. Afirma que "enseñar exige riesgo, asunción de lo nuevo y rechazo de cualquier forma de discriminación. Es propio del pensar acertado la disponibilidad al riesgo, la asunción de lo nuevo que no puede ser negado o recibido sólo porque es nuevo, así como el criterio de rechazo a lo viejo no es solamente cronológico. Lo viejo que preserva su validez, que encarna una tradición o marca una presencia en el tiempo, continúa siendo nuevo. No hay que dudar que la práctica educativa, como experiencia humana, es una forma de intervención en el mundo que requiere una toma de posición contra la desigualdad social y económica" (Freire, 2008, pp. 36-37).

La integrante del equipo técnico con funciones de coordinación de los CAJ en el sur de la provincia de Chubut manifiesta, al respecto:

"...para trabajar con propuestas de este sentido no se puede ser esquemático, cerrado, institucional, no te sirve absolutamente de nada, por lo tanto tenés que ser audaz y animarte, porque nosotros de hecho las primeras veces hicimos cosas que las ves en el tiempo y decís: había que ser audaz porque si no, no las hacés.... si no te querés arriesgar entonces no te metas porque no sirve, lo volvés institucional, que es lo que no querés. Así ha sido todo el pasaje".

"Volverlo institucional" significa, en el caso de los CAJ, transformarlos en una propuesta de curriculum formal. Los aprendizajes construidos en estos centros conforman un valiosísimo proyecto de educación no formal. Los jóvenes no tienen que estudiar las disciplinas, ni son evaluados con las normas y criterios que establecen las instituciones escolares, sino que su formación se desarrolla a través de diferentes talleres, organizados a partir de sus intereses y con diversas actividades vinculadas al arte, la expresión, el deporte, la salud, la alimentación y el trabajo comunitario, entre otras. La escolarización de los CAJ implica el aborto de las intencionalidades iniciales de este proyecto educativo.

Una metáfora posible para caracterizar las prácticas en las instituciones educativas, es pensarlas como "estancadas" o "en movimiento". Las escuelas cuya forma de trabajo se basa en la tarea individual de sus docentes, en una suerte de distribución fabril de actividades en serie, generan escasa motivación y sentido de pertenencia en los estudiantes. Son escuelas que paralizan e impiden toda práctica que implique salirse de las estructuras formales propias de la organización, y en ellas los docentes se adaptan al status quo vigente. Las instituciones que apuestan por mejorar, innovar e imaginar prácticas educativas diferentes hacen del movimiento su cultura de trabajo. Movimiento que conlleva a aunar esfuerzos colectivos entre los docentes, venciendo la balcanización y el individualismo. Los docentes reconocen la complejidad de lograr aprendizajes significativos en sus alumnos, saben pedir ayuda y trabajar en equipo. Son conscientes de que es necesario seguir aprendiendo a enseñar, por lo cual valoran la importancia de contar con colegas para compartir sus dudas, sus saberes y experiencias, sus inquietudes y proyectos. Les dan lugar a las nuevas ideas, las apoyan.

Como requisito fundamental para la innovación, las instituciones educativas deben instaurar espacios fuertes de colaboración entre sus miembros. Las culturas basadas en la colaboración valoran el pensamiento de los docentes, y les dan la voz. Sin embargo, en estas instituciones no reina la armonía absoluta, sino que existe conflicto y disenso. Se discuten propósitos, valores y formas de trabajo, pero estos desacuerdos son transitorios. Permiten la construcción democrática de criterios para el desarrollo de las prácticas, y se sustentan en principios sólidos de participación y respeto por el otro. Estos principios son los que sostienen y se enseñan en el programa de los CAJ, pues los mismos se basan en la idea de que se construye con otros, como así lo expresa la integrante del equipo técnico con funciones de coordinación de estos centros en el sur de la provincia:

"Nosotros partimos de la idea de que hay que construir con el otro, que todo el conocimiento que uno pueda generar tiene que hacerlo en construcción con otro y eso es lo que tratamos de transmitirles a ellos también. Y que el crecimiento de cada uno depende de la construcción colectiva. Ese es el fundamento más fuerte…"

El CUP es una institución en movimiento constante. El trabajo en equipos conformados por docentes, directivos y otros profesionales constituye la base de la cultura institucional. El director se refiere al momento en que en el colegio se revisan críticamente las experiencias de pasantías dominantes que venían realizando los estudiantes –vinculadas a poner la educación al servicio del mercado– encontrándose con la necesidad de tener que interrumpirlas y replantearlas al no mantener las mismas niveles de coherencia con el marco teórico-ideológico crítico de la propuesta de enseñanza de la institución.

Se promovieron entonces proyectos emergentes inscriptos en distintas instituciones, cuyas intencionalidades reflejaban fuertes niveles de compromiso por parte de los estudiantes por conocer aspectos diversos de la realidad propia de su contexto, planificando acciones relevantes a partir de las problemáticas detectadas. Así lo explica el director:

"Históricamente, en el colegio, en los terceros años del polimodal se venía implementando la experiencia de pasantías –decimos nosotros desde una concepción convencional y/o tradicional– donde el alumno tenía una aproximación a lo que se llamaba 'el mercado laboral' y donde se incorporaba a una empresa con la figura del empleado […] Esto fue hasta el 2006, 2007, aproximadamente, donde vimos que esta propuesta tenía ciertas inconsistencias, porque no coincidía con el marco teórico que estábamos trabajando, que justamente es una concepción crítica respecto al trabajo y la inserción laboral precoz de los jóvenes al mercado de trabajo, donde veíamos que terminaban siendo una mano de obra barata en estas empresas. La institución corría con toda la responsabilidad de los seguros y demás, terminaba siendo un trabajo intenso en algunos casos, pero con un fin que no era escolar sino que era un fin empresarial, y encima en un contexto de mercado laboral, donde prima la oferta y la demanda… estábamos en una disparidad de criterios… no sumaban a la formación".

Educar es un acto político

Las decisiones tomadas por el equipo de docentes del CUP resultan comprensibles desde el reconocimiento de la dimensión política de la educación. Al respecto, Frigerio sostiene que educar es un acto político, en el que es imposible cualquier neutralidad. Al referirse al concepto de gestión expresa: "No coincidimos ni coincidiremos con aquellos que han aprovechado el concepto para olvidar la especificidad de lo educativo, para mercantilizar las organizaciones y el conocimiento" (Frigerio, 2004, p. 109). Este tipo de discursos impregnó durante décadas al sistema educativo en el marco de políticas educativas neoliberales, no sólo en la gestión como gerenciamiento, sino también en el curriculum y la enseñanza. La modalidad de las pasantías laborales implementadas durante los años noventa en el colegio, responde a la misma lógica.

La escuela tiene que ser un lugar de resistencia a la reproducción sin sentido y a la repetición banal de discursos y acciones, a la instauración de la desigualdad y al autocumplimiento de las profecías de fracaso que cercenan posibilidades de crecimiento y desarrollo en los jóvenes. Su misión es interrumpir, para no generar más de lo mismo si lo mismo no es de calidad. Hay que poder interrumpir aquello que no se constituye en experiencia, sino sólo cotidianeidad. Cada acto educativo es un acto político, pues siempre se interviene, se decide, se inaugura, se opta por algo cuando se educa.

Resulta pertinente referirse a la innovación como un campo complejo y multidimensional, en el que intervienen estructuras y acciones emergentes en un interjuego de micropolíticas. Éstas se articulan, se combinan e interpelan mutuamente, lo cual influye en la sustentabilidad de los proyectos que pretenden transformar los procesos de enseñanza y aprendizaje en las instituciones educativas.

Desde un posicionamiento crítico y reflexivo, los docentes del colegio revisaron y reformularon las experiencias de formación de los estudiantes en ciudadanía, pues en nombre de modelos basados en la productividad cientificista se habían promovido modos de ser y hacer que terminaban constituyendo un poder invisible y enajenante de la propia práctica y de las posibilidades de aprendizaje de los alumnos, en aras de responder a parámetros institucionalizados y de evaluación.

Una mirada del acto de educar como acto político nos permite sostener que siempre existe la posibilidad de construir un contrapoder al poder establecido. Los docentes se resistieron a reproducir el modelo oficial –más de lo mismo–, a contribuir a la hegemonía de un modelo económico social injusto y desigual. Lo interrumpieron, le pusieron límites y reorientaron su accionar. Este accionar se realiza desde un compromiso ético, asumiendo que el docente tiene libertad para elegir, decidir, construir e innovar. Es la dimensión humana de la enseñanza la que compromete a los docentes que se arriesgan a innovar y a moverse con creatividad, pensando otras alternativas a las prácticas dominantes: en este caso, las pasantías convencionales. Se animaron a crear nuevas experiencias de pasantías de formación. Generaron nuevas condiciones para la enseñanza:

> "Tenemos un gabinete psicopedagógico, incorporamos a una docente, a una psicóloga al equipo de cátedra... Básicamente trabajamos desde el autoconocimiento, que el alumno pueda descubrir cuál es o por dónde pasa su vocación [...] Tratábamos que estas pasantías, que eran meramente de mercado laboral y empresa, se transformen en buscarle un lugar relacionado con su orientación profesional. Al que quería abogacía le buscábamos un estudio de abogacía y hacíamos previamente una entrevista con el profesional... y la pregunta de rigor era si estaba dispuesto a formar [...] en el proceso del alumno, y no tenerlo como cadete, no como ceba mate [...] o que vaya al banco a hacer determinadas cuestiones [...] Ahí le dimos el vuelco a la pasantía orientada".

> "¿Cuál es el plus que se le agrega a la propuesta? Ahora el alumno tiene que apropiar el marco teórico de la educación solidaria, que supone un alumno activo, que el alumno mismo elabore sus propios proyectos de intervención comunitaria".

Desde la concepción mencionada de "innovaciones didácticas emergentes" de Libedinsky (2001) las experiencias educativas de las pasantías reunirían las siguientes características:

- Preocupación de los docentes por los aspectos disciplinares y didácticos.
- Preocupación por la personalidad y los intereses de los estudiantes.
- Detección de pasiones culturales y políticas evidentes.
- Consideración de las opiniones de los colegas.
- Consideración de las opiniones de los estudiantes y sus familias.
- Trascendencia de la privacidad del aula.
- Despliegue de trabajo personal, seducción y persuasión.

Freire habla de una pedagogía para la autonomía, lo cual implica "un debido respeto a la autonomía del ser del educando... el respeto a la autonomía y a la dignidad de cada uno es un imperativo ético y no un favor que podemos o no concedernos unos a otros". Una cualidad muy importante en los docentes es la de "saber escuchar, dialogar y querer bien", a los estudiantes y a la propia práctica educativa de la cual participan, lo cual los anima a innovar (Freire, 2008, pp. 57-59).

En el cambio curricular realizado por el CUP, la propuesta de enseñanza se acerca más al marco teórico socio-crítico que el equipo docente intentaba sostener, y que se encuentra en línea con la pedagogía de la autonomía. Por consiguiente, cambia la relación pedagógica entre docentes y alumnos, asumiendo los estudiantes mayor protagonismo en la tarea:

"… el proyecto lo elabora el alumno, nosotros seguimos coordinando, hacemos los todos contactos institucionales y todas las tareas administrativas –seguro, horarios– pero la tarea la hace el alumno…. pasamos de tener empleador y empleado, a tener intervenciones en la casa del niño, hogar de ancianos, diferentes escuelas, la escuela de disminuidos visuales, de hipoacúsicos […] Con los institutos y con supervisión, tuvimos que hacer todo un trámite para que nos puedan aceptar, hay muchas resistencias, cuestiones administrativas, con el seguro, quién lo controla –que son del orden provincial– […] En uniones vecinales […] hicieron el rescate histórico de Ciudadela, ahora el chico sigue Historia (la carrera)".

"Otro ejemplo: en Palazzo no había biblioteca. La biblioteca estaba, pero invisibilizada… un alumno hizo una campaña de difusión de su existencia […] hizo una volanteada, explicó a todos los docentes, hizo todo un registro de los libros, charlas debate, una campaña para poner el cartel –no tenía cartel–. Se puso el nombre 'Biblioteca Palazzo', consiguió donaciones de libros. Un trabajo sumamente interesante".

En el caso de los integrantes de los CAJ, los jóvenes asumen que tienen un papel protagónico en su aprendizaje, aunque el profesor no tenga mucho más para enseñarles cuando llegan a un nivel avanzado. En las actividades desarrolladas en estos centros se instauran espacios para aprender con y de los otros, aportando los adultos su experiencia, consejos y orientación.

Desde la concepción de la pedagogía de la autonomía, los educadores generan las condiciones para que los jóvenes aprendan, sin considerarse los talleristas los únicos transmisores del conocimiento. Se ponen de este modo en cuestión los modelos pedagógicos basados en las lógicas de la explicación y en la autoridad-dominio del saber. Las formas en que se configuran las relaciones que se establecen entre docentes y alumnos, y entre los propios alumnos, adquieren suma importancia desde este enfoque, siendo su influencia formativa a veces más relevante que los propios contenidos a enseñar, en el caso de la educación ciudadana.

Este posicionamiento por parte de los docentes contribuye a la construcción de procesos de subjetivación política en los jóvenes, permitiéndoles ejercitar el cuidado de sí –en un sentido foucaultiano– de acuerdo a los propósitos y orientaciones que ellos mismos se han planteado, implicando y reconociendo a los otros sujetos. Se propician oportunidades para pensar la realidad con la intención de transformarla, instituyendo cambios y mejoras para sortear los obstáculos que se presentan a partir de un intercambio dialógico.

En la cultura escolar tradicional prevalece una relación pedagógica que le otorga al docente una gran cuota de poder para actuar sobre el otro, mediante diversas prácticas y mecanismos. Esto cercena la confianza en las posibilidades de los jóvenes, dificultando la construcción de vínculos entre docentes y estudiantes. Una joven señala las diferencias que en este sentido se suscitan en la formalidad de la escuela, con respecto a los CAJ:

"En el CAJ son distintos. En la escuela tienen que ser más estrictos. Ya que los conocés en ambos ambientes... es como que se te hace un poco más cómodo y más agradable trabajar con ese profesor. ¡Uh! ¡voy a estar con la profe de química, con la profesora de cocina, voy a tener toda la tarea hecha!..."

La formación de una ciudadanía plena requiere que los docentes renuncien progresivamente a tener todo el poder sobre los jóvenes favoreciendo la conquista de la autonomía, para que puedan tomar decisiones sobre sus procesos de aprendizaje y sobre sus propios proyectos de intervención en el mundo, contribuyendo de esta manera desde la educación a la emancipación.

Esta perspectiva de educación en ciudadanía apuesta por el protagonismo de los jóvenes en la elaboración de propuestas de intervención comunitaria, buscando estrategias, organizando y ejecutando acciones. Implica la posibilidad de transmitir sus ideas y proyectos a los demás, en pos de conseguir la colaboración y articulación con otros actores e instituciones. Son éstos aspectos centrales para una verdadera experiencia de formación ciudadana, en el marco de un proyecto innovador.

No es posible hacer una experiencia en lugar de otro, pues la misma es unipersonal. Toda experiencia es idiosincrática, y en ella hay recuerdos del pasado pero también hay futuro, pues existe la posibilidad de cambiar, de innovar, de ser otro. Las experiencias se relacionan con situaciones que acontecen, atraviesan y dejan huellas que transforman a los sujetos, por lo cual se relacionan inexorablemente con el aprendizaje.

Así relata una joven de uno de los CAJ sus vivencias, y los aprendizajes que construyó con ellas:

"Hicimos un campamento… y nos habían explicado muchas cosas. Era reciclar la basura (…) Teníamos la orgánica y la separábamos… después teníamos que ir afuera y hacer todo el proceso… hacer plantas y cosas así… Con los cartones, habíamos hecho billeteras, por ejemplo. Teníamos que ir a lavar los platos, como éramos muchos… por el agua tenías todo un sistema, teníamos varios tachitos de agua y nos íbamos turnando… no desperdiciábamos tanta agua… nos teníamos que duchar, teníamos un horario y había que hacerlo bien rápido. Hicimos varias caminatas. Vimos de dónde proviene el agua de los Alerces. Vimos muchos arroyos y nos contaron por qué hay que cuidar el agua, porque esa agua es de ahí, era bien pura. (…) nos ayuda a tomar conciencia con respecto a ver que el bosque, tan lindo, puede dejar de serlo. Agua ultra cristalina puede dejar de ser así, que ya no se pueda tomar".

Para Larrosa (2006) la experiencia es: "eso que me pasa", haciendo hincapié en cada uno de esos términos. Se caracteriza por los principios de alteridad, exterioridad y alienación (relacionados con el qué de la experiencia); subjetividad, reflexividad y transformación (tienen que ver con el sujeto de la experiencia); pasaje y pasión (haciendo referencia al movimiento de la experiencia). "Eso que me pasa" se puede ver en el relato de la joven sobre lo que vivió en el campamento en una localidad cordillerana de la provincia de Chubut. El qué de la experiencia se vincula con procesos subjetivos y de reflexividad que contribuyeron a transformar su forma de sentir y de pensar. La joven asumió actitudes diferentes respecto a la relación del hombre con la naturaleza, lo cual se manifiesta cuando explica que en ese viaje tomaron conciencia acerca de la importancia que tiene el cuidado del medio ambiente, a partir de una observación directa del origen del agua que se consume, de experimentar formas de dosificarla, y de reflexionar acerca de la responsabilidad que tenemos las personas sobre los desechos que producimos, aprendiendo además técnicas concretas de reciclado de los mismos.

Las situaciones vividas transforman a los jóvenes y ayudan a asumir un compromiso con el cuidado del medioambiente, reconociendo las posibilidades de hacer que ellos tienen en ese sentido. Por consiguiente, es factible pensar que constituyen experiencias muy innovadoras que favorecen la subjetivación de los ciudadanos como agentes del cambio del mundo natural y social que los rodea, muchas veces modificando reglas y formas dominantes de hacer y de relacionarse. Según Meirieu (1998), los docentes deberían:

"movilizar todo lo necesario para que el sujeto entre al mundo y se sostenga en él, se apropie de todos los interrogantes que han constituido la cultura humana, incorpore los saberes elaborados por los hombres en respuesta a esos interrogantes (…) los subvierta con respuestas propias, con la esperanza de que la historia tartajee un poco menos y rechace con algo más de decisión todo aquello que perjudique al hombre" (p. 70).

La formación de la ciudadanía supone aprendizajes en la práctica, y requiere de propuestas de enseñanza y experiencias educativas que pongan en tensión las ideas con la realidad cotidiana, problematizándola, revisándola críticamente, alentando el compromiso y la participación en la escuela y en la comunidad de pertenencia para cambiarla. Otra experiencia que contribuye a revisar y modificar estereotipos de género, es la que se presenta en el siguiente relato de una joven:

"El CAJ de cocina en el que estuve yendo (ahora voy a empezar de nuevo) era más que todo para enseñarles a los chicos que ya están grandes que no sabían cocinar. Iban muchos varones que no sabían cocinar, para aprender y después poder cocinarse solos. Para mí era gracioso estar ahí. Chicos que no sabían ni batir leche".

La experiencia desafía la forma de entender la distribución de tareas domésticas como la de cocinar, que se consideran "propias" de la mujer en un marco de relaciones socioculturales que cotidianamente promueven la desigual división del trabajo entre varones y mujeres, orientando a los varones hacia actividades fuera del hogar, y adjudicando a la mujer el cuidado de la casa y de los hijos. Por esta razón, la joven se encontraba con compañeros varones a los que nunca se les había enseñado tareas sencillas de elaboración de comidas. La ciudadanía y los derechos de las mujeres también se vulneran en los espacios de la intimidad familiar, desde la naturalización de los roles asignados.

Este tipo de propuestas en las que se vivencia que tanto varones como mujeres pueden aprender y compartir la tarea de cocinar, constituye una experiencia de subjetivación política y de formación ciudadana que ayuda a desnaturalizar los estereotipos de género, reconociendo la igualdad de derechos de varones y mujeres. Retomando a Meirieu, los contenidos que se enseñan también tienen que movilizar formas de actuar y posicionarse frente a las problemáticas sociales y a cuestiones éticas.

El acontecimiento de lo otro y exterior que tanto los CAJ como el CUP proponen a los jóvenes como experiencias para el aprendizaje, no surge de ellos, y sin embargo los pone en situación. Una situación que los atraviesa subjetivamente a cada uno de manera singular, dejando una impronta y transformándolos. Así lo expresan algunas jóvenes estudiantes del colegio:

> "Te cambia la cabeza. Nosotras pensábamos que voluntariado 'ni locas' pero te das cuenta que ayudás, y esa es la satisfacción, no importa si no te pagan, si tenés que dejar de hacer otras cosas para poder hacer eso. Estás ayudando, estás haciendo un bien".

> "A eso apunta el aprendizaje en servicio, no sólo ver qué es lo que yo estoy aprendiendo, o qué puedo enseñar o implementar, sino también cómo ayudo, qué es lo que tengo que hacer para ayudar. Y nosotras crecimos un montón porque los chicos nos decían: 'las vamos a extrañar', 'son nuestras amigas', 'son como mis hermanas'. Entonces todo eso te llena".

Es posible sostener que las instituciones educativas ponen en juego un discurso, un conjunto de prácticas articuladas que interpelan la iden-tificación de los jóvenes como sujetos sociales. En el caso del CUP, proponiéndoles una experiencia de aprendizaje-servicio que promueve la participación y el compromiso ciudadano.

Las relaciones con otras instituciones pueden constituirse desde la lógica de articulación alrededor del significante de educación solidaria. Pues "para que haya una 'equivalencia democrática' es necesario algo distinto: la construcción de un nuevo 'sentido común' que cambie la identidad de los diversos grupos, de modo tal que las demandas de cada grupo se articulen equivalencialmente con las de los otros −en palabras de Marx, que el libre desarrollo de cada uno sea la condición para el libre desarrollo de todos los demás−" (Laclau y Mouffe, 2004, p. 229). Al respecto, el director del colegio da testimonio acerca de este posicionamiento:

> "Una de las premisas de la educación solidaria es que sea una red de distintas instituciones, que no haya una sola institución... Se está trabajando con un grupo de escuelas".

Por otro lado, a partir de este proyecto comienza a pensarse la educación solidaria ya no sólo como una experiencia aislada en tercer año, sino que se incorpora en la reforma curricular del colegio como un lineamiento de formación desde primero a sexto año, como parte de un proceso integral de formación de los estudiantes:

"Cuando empezamos con este tipo de transformación en tercero... aspirábamos a que el colegio se transforme a una institución educativa solidaria. Y creo que estamos, porque nosotros tenemos un proceso de reforma en el plan de estudios. Pasamos de la educación polimodal (la anterior ley de educación) a la nueva que prevé seis años. Y en ese nuevo plan de estudios se incorporó en el currículo la educación solidaria en sus distintos niveles, desde primero hasta sexto año. Así que fue un logro muy importante, que ha posibilitado el poder trabajar con este tipo de propuesta, donde los alumnos son los promotores".

Podemos afirmar que este proyecto innovador emerge en el contexto de una cultura institucional que favorece la autogestión, para luego ampliarse y articularse con el proyecto educativo del colegio. De este modo, es la propia institución la que genera las condiciones para la enseñanza innovadora. Los cambios organizativos dan cuenta de una reinstitucionalización de nuevas reglas, a partir de las propuestas de agentes activos políticamente y con intenciones de innovar y mejorar la práctica educativa. En este caso, el colegio orienta y especifica su proyecto curricular institucional hacia la educación solidaria. Pero no lo hace aplicando linealmente políticas curriculares prescriptas en otros estamentos, sino que, teniéndolas en cuenta, elabora una propuesta específica a partir de experiencias construidas particularmente, que luego se extienden y profundizan.

CAPITULO 7

Algunas dimensiones políticas y didácticas acerca de la formación en ciudadanía

Silvia Coicaud, Lucrecia Falón y Elizabeth Saracho

El campo de la educación, al igual que el campo político, se constituye a partir de una tensión irresoluble entre la reproducción del orden social mediante el fomento de conductas, normas y saberes, por un lado; y su cuestionamiento mediante el fomento de actitudes, valores y conocimientos, por otro. Esta contradicción es constitutiva del orden social, y por tal motivo irreductible, en tanto su eliminación implicaría la disolución del propio orden. Asume, a la vez, diversos contenidos observables a partir de las múltiples demandas sociales y de las diferentes intervenciones de actores gubernamentales o estatales, como así también –dado el tema y el objeto de estudio– desde los distintos contenidos educativos que conforman los curricula y estructuran el sistema educativo.

Un proyecto educativo emancipatorio se basa en prácticas que constituyen una identidad política en la que emergen nuevas subjetividades. Implica asimismo una articulación hegemónica que compone un discurso que integra y resignifica diversas demandas, conformando identidades sociales. La constitución de una práctica hegemónica, de acuerdo a los desarrollos teóricos del posestructuralismo, se establece a partir de las siguientes condiciones:

1. La desigualdad del poder como constitutiva de una relación hegemónica.
2. La relación hegemónica, que implica la superación de la dicotomía entre universalidad y particularidad. La universalidad es imposible, sólo se conforma de manera inestable, y es la práctica hegemónica la que la recrea, sin poder alcanzarla en plenitud. De esta manera, la universalidad sólo existe si encarna y subvierte una particularidad, pero asimismo, para tornarse política una particularidad tiene

que transformarse en la consigna más general que da sentido a una lucha o reivindicación. "Se debe transformar en el locus de efectos universalizantes" (Butler, Laclau y Žižek, 2004, p. 61). De ahí que la representación no sea un acto de "hacer presente una entidad pre-constituida, una esencia", sino que sería más bien una imposibilidad. Los sujetos no son preexistentes al momento de la representación, sino constituidos como tales en dicha instancia.

3. De esta manera, tal como surge del punto 2, la relación hegemónica requiere la producción de significantes tendencialmente vacíos que mantengan la inconmensurabilidad (rechazo y necesidad mutua) entre el universal y el particular, pero también que permitan que la particularidad tome la representación (inestable y fallida) de la universalidad.

Es esta práctica hegemónica la que permite conformar y hacer emerger nuevas subjetividades, y se da a partir de la conformación de una frontera interna a lo social. De ahí que se trate de una práctica en la que predomina la negatividad, desde diversas demandas que, inconexas entre sí, mantienen respecto del orden social imperante. Analizar las relaciones de sus elementos resulta clave para comprender el orden social, en tanto el mismo tiene efectos estructurantes en el modo de representación. De tal manera, la práctica docente como práctica política puede tener dos formas de articulación, constituyendo formas identitarias antagónicas: una diferencial –propia de la identificación institucional/democrática– y la otra equivalencial –propia de la identificación populista/emergencia del sujeto popular–.

La primera, la articulación diferencial, implica la administración/satisfacción puntual y específica de demandas. No hay cuestionamientos al lugar del poder ni al lugar de emisión de la demanda. No se reconocen partes antagónicas, sino que está implícito el reconocimiento de pertenencia a una inmanencia social altamente institucionalizada. La segunda, la articulación equivalencial, implica la construcción dicotómica de lo social. Un proyecto/discurso emancipatorio requiere de articulación y mediación política.

La tensión entre la reproducción y el cambio

La educación resulta una instancia de conformación del orden, específicamente del orden político. Dada la diferencia ontológica, la educación está atravesada por una tensión irreductible entre los imperativos de reproducción y el cambio del orden. En este sentido, la escuela es una institución potencialmente apropiada para aprender y practicar ciudadanía, siempre y cuando se deje de lado un enfoque inamovible acerca del individuo, para construir lugares plurales desde discursos contextualizados.

Educar implica tanto una fuerza de retención, que se ocupa de mantener lo establecido priorizando su continuidad, como también una fuerza de permisión, que no anula la tradición pero promueve su relectura, resignificándola. Se reinterpreta lo dado, para permitir la invención de otros presentes posibles que logren ser disruptivos respecto de lo idéntico (Frigerio, 2002).

A partir de estos escenarios, es importante abordar el concepto de ciudadanía como contingente. No existe una única concepción de ciudadanía, sino varias y en conflicto. Los presupuestos para decidir quiénes deben ser incluidos en una comunidad política no resultan adecuados ni suficientes para comprender la multiplicidad de problemáticas propias de la sociedad actual. Las ideas acerca de qué sociedad y comunidad política pretendemos van a influir en esta construcción. Para algunos, esta visión implica pensar en una democracia radical y plural, lo cual conlleva a una cadena de equivalencias entre demandas y luchas democráticas para la constitución de una identidad política. Los sujetos son sujetos políticos, capaces de decodificar de manera reflexiva lenguajes, ritos y símbolos diversos, y deben ser tratados todos ellos como libres e iguales, desafiando y luchando contra las relaciones de dominación.

En su sentido más amplio y por definición, la educación es educación para la convivencia. La socialización consiste en aprender a vivir con otros, es decir, a convivir. Implica "saber" vivir con otros, y este saber es enseñado por aquéllos que tienen el poder de regular socialmente la convivencia. Sin embargo, enseñar a convivir es también enseñar a conocer las reglas de la convivencia, a tener actitudes racionales, cognitivas y críticas frente a estas mismas reglas.

Pero hay que saber qué hacer con estos saberes sobre las reglas de la convivencia: aprender a entender cómo se constituyen históricamente, cómo se trasmiten, cómo se pueden cambiar. Implica discutir la tesis de socialización por la mera represión, y los criterios de legitimación desde la mera imposición. Entonces, enseñar a convivir no es solamente socializar o adaptar a los individuos al orden social dado.

En este sentido, desde una definición normativa, la escuela no es sino la obligación moral de pensar públicamente, es decir, de enseñar y aprender, como plantea Cullen:

- conocimientos destinados a todos, sin restricciones ni exclusiones, sin discriminaciones de ninguna especie;
- conocimientos críticos, porque vinculan la teoría con la práctica, lo instrumental con lo valorativo, lo científico con lo público, lo comprensivo con lo transformador;
- conocimientos solidariamente responsables, porque están orientados por un interés emancipatorio, en relación con todas las violencias internas y externas (Cullen, 1997, p. 213).

Qué enseñar implica posicionamientos políticos y didácticos

Que la escuela enseñe la convivencia y la participación ciudadana tiene que ver con aquello que Giroux llama "macroobjetivos", los cuales sirven como "mediación entre las experiencias del aula de los estudiantes, tanto las cognitivas como las no cognitivas, y sus vidas fuera de la escuela (…) incluyen lo siguiente: diferencias entre conocimiento directivo y conocimiento productivo[1], hacer explícito el curriculum oculto y ayudar a los estudiantes a desarrollar una conciencia crítica y política" (Giroux, 1990, pp. 93-94).

Se trata entonces, de enseñar a convivir desde los principios mismos de la justicia social y desde las reglas de la participación ciudadana, porque creemos en la democracia y porque sabemos que su gran supuesto es, precisamente, el reconocimiento de la igualdad de los hombres en su dignidad y en su libertad, con las respectivas exigencias. Enseñar la convivencia justa y la participación ciudadana implica orientar al conocimiento escolar hacia la construcción de lo público. Es, en realidad, una educación para lo público.

Pero no basta definir lo público por la mera autonomía en el uso de la razón, como principio que define la igualdad por la dignidad misma. Es necesario además, mostrar cómo esta autonomía reconoce el deseo y sus singularidades, las instituciones sociales y sus regularidades. Conlleva

---

1. El conocimiento productivo se ocupa principalmente de los medios. Su aplicación da como resultado la producción de bienes y servicios. El conocimiento directivo es una modalidad de indagación que pretende responder a cuestiones especulativas que giran en torno a la relación entre medios y fines. Los estudiantes se preguntan por la finalidad de lo que están aprendiendo, cuestionan al conocimiento productivo y formulan las más importantes cuestiones al tratar de mejorar la calidad de vida (Giroux, 1990, p. 94).

a enseñar a pensar autónomamente, sin que esto implique dogmatismo, soberbia iluminista o manipulación instrumentalista. Es, fundamentalmente, enseñar un modo de relacionarse con el conocimiento, una dirección de los saberes que se aprenden, una forma de saberse vinculado a la historia y a la sociedad. Es aprender a construir lo público, sabiendo que cuidar a los otros es cuidarnos a nosotros mismos, y que cuidarnos a nosotros mismos es cuidar la igualdad de oportunidades.

Desde este posicionamiento, la Didáctica implica una toma de posición en relación con los saberes que pretende enseñar, operando transformaciones sobre el material teórico. Las prácticas didácticas se realizan desde los principios de la política educativa, pues de ninguna manera se reducen a una mera cuestión técnica.

Al respecto, Kundt (2011) pregunta: "¿No será posible ofrecer otra escuela? ¿Una en la que tengan lugar otras propuestas? ¿Otros contenidos?". Porque, si bien existe desinterés en algunos jóvenes respecto de la escuela, otros llegan con muchas expectativas acerca de lo que les van a ofrecer sus docentes, porque tienen un verdadero interés por aprender. Reflexionar acerca de las razones que llevan a la apatía de muchos jóvenes implica analizar con mayor profundidad los contenidos que se transmiten, y su forma de enseñanza. Esto

"...abre paso a un nuevo recorte de contenidos, dejando lugar a aquello que tal vez sí interese, porque, por lo general cuando los docentes decimos *nada les interesa* estamos aludiendo a lo poco o nada convocante que les resultan nuestras propuestas, pero si atendiéramos a las de los alumnos veríamos que sí hay interés y mucho por otras cosas, y que los chicos no sólo efectivamente suelen tener propuestas para hacernos, sino que pueden asumir compromisos con lo que eligen hacer, los chicos esperan que digamos sí" (Kundt, 2011, pp. 89-90).

Respecto a las formas de enseñanza de contenidos relativos a la ética y la ciudadanía, Cullen (2004, p. 105) propone abordarlas de la siguiente manera:

- Con argumentos racionales y no con imposiciones. Supone la necesidad de planteos críticos –aun frente a los saberes del docente– y confianza en los procesos de aprendizaje de los alumnos. Presentar situaciones problemáticas significativas y trabajar con dilemas morales o técnicas de clarificación de valores favorece la construcción de puntos de vista cada vez más racionales y fundados.

- Con un clima escolar democrático. Para trabajar con reglas de juego claras para la toma de decisiones, enseñando la importancia del consenso, del respeto a las minorías, del sentido del ejercicio del poder, de resolver los conflictos en base a razones.
- Con neutralidad beligerante. La postura del docente debe aparecer como neutral, sin imponer sus puntos de vista a los alumnos, principalmente cuando se trata de principios éticos fundamentales o de derechos humanos. Pero esto no quiere decir que sea indiferente frente a los valores y las normas, o que no pueda mostrar distintas opciones. Neutralidad beligerante implica jugarse por valores sin que esto implique imponérselos a nadie.

Esta propuesta educativa supone la necesidad de explicitación y tratamiento de dichos temas en espacios curriculares específicos, y requiere de los aportes de diversas disciplinas sociales. Por esta razón, la ciudadanía es una categoría co-disciplinar, pues la perspectiva innovadora de la enseñanza de la ciudadanía no se ajusta a una sola perspectiva –por ejemplo la jurídica o la ética– como tradicionalmente ha sido abordada. La enseñanza tradicional estuvo basada principalmente en una fundamentación coercitiva y abstraída de la visión histórica, lo cual derivó en acciones escolares tendientes a la adaptación a la vida social y a la formación de sentimientos patrióticos.

Por el contrario, la enseñanza de la ciudadanía requiere de una reflexión histórica, política y ética, propiciando dimensiones amplias de análisis acerca de las diversas socializaciones posibles, y revisando críticamente los significados del discurso social. Por este motivo, en el campo de la ciudadanía confluyen aportes de la ética, la política, el derecho, la historia, la filosofía, la sociología, la economía, la psicología, la antropología y las teorías del lenguaje, entre otras.

La escuela constituye uno de los pocos espacios públicos en el cual los jóvenes tienen la posibilidad de convivir con pares y adultos posicionados como tales. Pensar la educación de la ciudadanía para estos jóvenes de hoy implica considerar la enseñanza en el marco de la interculturalidad y la diversidad sociocultural, ya que la juventud no es homogénea, sino que asume una multiplicidad de formas de expresión y de posturas en contextos diferentes, pues, como lo afirma Reguillo Cruz (2005):

"La irrupción en la escena política de las dimensiones de la vida privada y cotidiana y la visibilización creciente del discurso de la diferencia cultural como un componente indisociable de las democracias modernas, han hecho estallar las concepciones clásicas de ciudadanía" (p. 158).

Dicha investigadora considera que a las dimensiones reconocidas tradicionalmente (civil, política y social) se le agrega actualmente la dimensión cultural, que se expresa en el hacer, desde diversas prácticas.

La apertura y participación de la escuela hacia la reflexión acerca de experiencias sociales y de prácticas políticas y culturales sobre las que los jóvenes forman sus identidades, enriquece la socialización y la participación de éstos en la sociedad contemporánea.

Por esta razón, resulta fundamental la participación de los jóvenes en la escuela, como una dimensión de la ciudadanía democrática que se traduce en un conjunto de prácticas cotidianas, de vivencias y experiencias que posibilitan el desarrollo de procesos de identificación.

La formación en ciudadanía asume como imprescindible que los docentes propicien la elaboración de una teoría crítica por parte de los estudiantes en las escuelas. Para Giroux (2006) esto implica el desarrollo de diversas tareas en las instituciones educativas:

- Constituir una protesta contra las prácticas ideológicas y sociales que en la actualidad fomentan los mecanismos de poder y de dominación en la vida cotidiana de las personas, ofreciendo argumentos críticos acerca de las formas en que se establecen distintos discursos y acciones. Esto lleva también a proporcionar una contra-lógica de las relaciones de poder que enmascaran el totalitarismo.
- Desarrollar una ética radical, elaborando una visión de futuro enraizada en la construcción de sensibilidades y relaciones sociales que le otorguen sentido a la concepción de vida comunitaria, la cual entiende a la democracia como una pugna permanente por extender los derechos civiles y por mejorar la calidad de la vida humana. Propiciar una política de la diferencia en la cual diversos grupos sociales y esferas públicas poseen voces y prácticas singulares y válidas, compartiendo además una conciencia y un discurso público. Reconocer las fronteras entre los distintos grupos, el yo y los otros, creando al mismo tiempo un clima de confianza y solidaridad que pueda sostener una vida en común basada en principios democráticos.
- Considerar los referentes históricos de la sociedad en la que vivimos vinculados a las prácticas y experiencias de ciudadanía, analizando las contradicciones, las diferencias en los discursos y entendiendo que el concepto de democracia no puede fundamentarse en ninguna

noción ahistórica, pues es un lugar de lucha y una práctica social que adquiere sentido a partir de los conceptos ideológicos de poder, política y comunidad, en una sociedad que no puede ser aprehendida ni controlada, pues su identidad nunca se logrará de forma definitiva. El discurso de la democracia requiere también de un lenguaje de posibilidad, en el que se conjugue una estrategia de oposición con otra de construcción de nuevas y posibles relaciones sociales.

- Definir a las escuelas como esferas públicas, legitimándolas como lugares democráticos que brindan un servicio público fundamental para la formación de una ciudadanía crítica y activa. Desde esta postura, la escolaridad se concibe no sólo a partir de la reproducción que realiza el capitalismo de sus prácticas sociales, sino también desde el potencial que tienen las escuelas para abordar la alfabetización en ciudadanía, y su responsabilidad por eslabonar una lucha política que no desconoce los fenómenos de desigualdad que se producen en la sociedad. Estas instituciones requieren, como esferas públicas, que sus docentes empleen sus habilidades y conocimientos para establecer alianzas con otras personas e instituciones que estén intentando también redefinir el terreno de la política y la ciudadanía, pues la escuela constituye una intersección en un espacio social, un nodo en un entramado de prácticas, que se prolonga hacia los otros sistemas complejos más allá de la escuela.

El concepto clásico de ciudadanía es insuficiente para afrontar las nuevas configuraciones de lo político y de la actuación pública. Es necesario entender la ciudadanía como una práctica compleja y contradictoria, como un ejercicio, y vincularla a la idea de un sujeto como agente activo, capaz de construir su propia biografía a partir de la cultura en conflicto que caracteriza a nuestras sociedades. También hay que tener en cuenta que la formación de subjetividades se encuentra descentrada de los sistemas educativos y las instituciones tradicionales, dado que en la actualidad existen diversos espacios y prácticas socioculturales en los que se forman los jóvenes: la calle, el barrio, el grupo de pares, los materiales simbólicos y dispositivos tecnológicos, etc. La realidad nos demuestra que las posibilidades de enculturación en los procesos de construcción de identidades son inconmensurables en la actualidad.

Hay que crear las condiciones para el desarrollo de ciertas competencias que permitan la formación de sujetos políticos críticos, y para el ejercicio de la ciudadanía como una práctica cotidiana que no se limite a espacios instituidos tradicionalmente para la participación ciudadana.

Instituciones como los partidos políticos, el parlamento, las cámaras y consejos de representantes cada vez producen más rechazo, y han dejado de ser los espacios privilegiados para el ejercicio de la política. La sociedad civil busca otras alternativas para la participación y el ejercicio de la ciudadanía, porque hay cada vez menos confianza en el sistema político. De este modo, las prácticas de ciudadanía se descentran del Estado y del sistema político, diseminándose en una pluralidad de agencias y campos de acción, de espacios para la negociación de conflictos, de territorios e interlocutores con intereses y problemáticas diversas.

> "La música, la apropiación resignificada de los espacios públicos, el consumo, el graffiti, las actividades de grupo o la pandilla, los nuevos movimientos sociales, ecologistas, feministas, homosexuales, de derechos humanos, son nuevas formas de reivindicar los derechos, comprometerse con la sociedad y las comunidades, realizar propuestas de convivencia, hacer oír la voz de los que históricamente han estado marginados o se sienten mal representados en las instituciones políticas tradicionales" (Valderrama, 2007, p. 149).

En este contexto, resulta interesante analizar qué tipo de sujetos políticos se forman o se pretende formar en la escuela, pues existen dos dimensiones centrales en el ejercicio ciudadano: la competencia argumentativa y la participación. Con respecto al primer aspecto, la capacidad de elección justificada cobra cada vez más relevancia en la actualidad, pues lo que distingue la formación de las subjetividades en esta nueva etapa de la modernidad es la competencia del individuo para poder elegir y construir su propia biografía, a pesar de seguir estando sujeto a las condiciones estructurales del Estado. Pero también es necesario reconsiderar en los contextos actuales la idea de una esfera pública unificada, pues lo que existe es un complejo mosaico de esferas públicas de diversos tamaños, muchas de las cuales se conectan entre sí.

Con respecto a la participación, puede decirse que no basta con tener presencia en los espacios constituidos para tal fin, dado que es necesario hacerlo con propiedad: saber y justificar las razones y los contenidos de la participación. La argumentación juega un papel importante en la deliberación y tratamiento de los conflictos, lo cual resulta fundamental para definir proyectos comunes, una identidad comunitaria y la convivencia.

Se debe lograr protagonismo con la participación de los jóvenes, para que ésta no quede subsumida a un rol pasivo o simbólico, sino a la posibilidad de actuar siendo reconocidos como actores que se comprometen, en el marco de un programa o una institución, en los procesos de toma de decisiones. Porque el ejercicio del protagonismo, como ejercicio del poder, genera las condiciones para que se visibilice socialmente a los jóvenes, como sujetos políticos que tienen derecho a oportunidades reales (Cataño y Wanger, 2002).

En un escenario de tensiones conflictivas entre culturas –en el cual los individuos están llamados a construir autónoma e informadamente sus subjetividades– es fundamental la actitud reflexiva. La reflexividad conlleva a asumir una postura frente al mundo y a los modos de relacionarse con él, de conocerlo y de actuar. Si la escuela no permite que el estudiante realice sus propias reflexiones y elabore autónomamente sus saberes, si no fomenta el diálogo y el trabajo cooperativo, y si no propicia que el contexto entre a formar parte en la construcción de esos saberes, será difícil que los estudiantes puedan reconocerse como parte de un colectivo, reorientando su postura frente al mundo y dialogando con otros que lo interpelan.

La institución escolar debe ayudar a comprender la existencia de estos cambios, como también la forma en que éstos se manifiestan a partir de las prácticas cotidianas de los estudiantes y de los proyectos pedagógicos que intentan aperturas respecto a los sentidos políticos tradicionales de la escuela. Se trata de hacer visibles las prácticas discursivas, para superar la reproducción de una ciudadanía pasiva enmarcada sólo en los derechos y deberes, desde las cuales se forman las subjetividades políticas de los estudiantes y se reafirman las de algunos actores escolares adultos. Esto posibilita también transitar desde un sentido restringido e individualista de la responsabilidad hacia una responsabilidad compartida, desde una concepción de la solidaridad como caridad hacia otra que trascienda las fronteras políticas, religiosas y territoriales, inscribiéndose en un sentido humano planetario y no en alguna de sus formas particulares.

También será necesario dejar de concebir el conflicto como un síntoma vergonzante que se debe ocultar, prevenir o erradicar. El conflicto puede ser un pretexto para formar en la convivencia, reconociendo las diferencias y las tensiones que se producen entre las culturas que convergen en la escuela, pues la ciudadanía también se define en términos de afirmación de las diferencias y la promoción de la diversidad. El sistema educativo tiene que generar espacios para la participación de los actores escolares, propiciando el desarrollo del gobierno escolar y las prácticas de involucramiento público.

Es necesario lograr una transformación institucional profunda, que en términos de ciudadanía vaya más allá de garantizar el derecho ciudadano a la educación de los sujetos a través de la transmisión de contenidos curriculares, y atienda al reduccionismo presente en materia de formación y consolidación de una cultura política en el sistema escolar, modificando sustancialmente las políticas educativas y las prácticas pedagógicas mismas. Algunos de los procesos que propician estos cambios en las escuelas medias, son los siguientes:

- Participación. En tanto mecanismo y contenido, puede ser usada desde diversas perspectivas y con diversos fines: de legitimación, de emancipación, de construcción colectiva, etc., pues no necesariamente debe asociarse con los ámbitos estatales o los escenarios tradicionalmente considerados como de acción pública o política. La participación está muy relacionada con proyectos paradigmáticos de sociedad. Las dimensiones económicas, sociales y políticas marcan su sentido y alcance. Algunos autores sostienen que la participación en los asuntos públicos es uno de los sentidos del concepto de libertad, y la entienden como el derecho a tomar parte en las decisiones comunes después de haber deliberado entre diversas opciones. Además, se afirma que ésta es una actitud que ha perdido fuerza, pues los ciudadanos no sienten que tienen incidencia en el resultado final de las decisiones. Cabe preguntarse, entonces, qué sentido participativo está posibilitando la escuela como responsable de la formación ciudadana, si los modos de participación en su interior son realmente significativos, y si la expresión de sus actores puede confrontarse con la de otros, e incidir efectivamente en los procesos educativos.

Muñoz, 1995 (citada en Valderrama, 2007) afirma que la clase política tradicional no está convencida de los beneficios de una democracia participativa. Pero, por otro lado, la sociedad civil tampoco ha sido un polo protagónico en la construcción de los destinos nacionales frente al Estado. Cabe preguntarse entonces si en la institución escolar no ocurre algo similar: si las normas y directivas no establecen una barrera para que profesores y estudiantes tengan una real participación y puedan incidir en la toma de decisiones que afectan la dinámica escolar, y si estos actores han dado muestras de querer realmente ocuparse de los destinos de la escuela, asumiendo ciertas responsabilidades frente a ella. Habría que analizar si no estará reproduciéndose el modelo social macro en la microcultura política de la escuela, generándose así un círculo vicioso por el cual para formar un pensamiento crítico y autónomo resulte necesario un consenso preexistente en materia de valores éticos y sociales ya dados, y en la definición de lo que es humanamente valioso y digno.

- Conflicto. En la vida cotidiana de la escuela existe un entrecruce de culturas específicas (institucionales, juveniles, gremiales, mediáticas, etc.) lo que inevitablemente genera una serie de tensiones conflictivas. Entre dichas tensiones, hay una que es central y gira en torno a las relaciones intergeneracionales. En este sentido, el conflicto que se instaura por la supuesta indiferencia de los jóvenes a participar en los espacios institucionales y la apatía frente a prácticas políticas tradicionales, no es producto de la pasividad. Por el contrario, esto puede vislumbrarse como un rechazo activo a la politización de la realidad, a unos escenarios de cuya construcción no han participado, y que les resultan deslegitimados tanto normativa como cognoscitivamente. Los adultos suelen interpretar este rechazo como pérdida de valores, producto de algún agente externo (los medios, los dispositivos tecnológicos, la calle, etc.) que desequilibra las relaciones de poder tradicionales. Una segunda tensión conflictiva central es la originada entre la conservación y el cambio. El sentido hegemónico de la escolarización es la conservación del status quo vigente. Pero la escuela no es una simple reproductora. Aquí aparece la tensión. La innovación, el esfuerzo por recontextualizar los conocimientos, y los discursos y poderes que luchan por acciones, en el intento de construir una educación y una escuela para estos tiempos, se enfrentan a toda una tradición que quiere mantener la escuela dentro de los modelos anteriores del Estado-nación. Si algunos actores escolares pretenden introducir innovaciones, la tensión conflictiva se dispara. La forma que tome el conflicto dependerá del sentido que se le otorgue. Por ejemplo, el diálogo, como modo de abordar los conflictos, puede tener dos sentidos. El primero de ellos se vincula con la conciliación o aplazamiento del conflicto, la catarsis (liberación de tensiones individuales) o la clarificación de las reglas de juego (quién manda a quién). En un segundo sentido, el diálogo puede ser un proceso de desvelamiento y comprensión de las tensiones generadas por la contraposición de unas estructuras y sentidos hegemónicos con resistencias contrahegemónicas propuestas alternativamente. En este plano, convergen diversas ideologías, creencias y opiniones, sacando partido de la diferencia para transformar el *status quo* y construir conjuntamente (sobre la base del respeto al otro) sentidos y proyectos comunes verdaderamente equitativos y democráticos. Ello sería actuar pedagógicamente en relación con el conflicto.

En su análisis acerca de la educación y la ciudadanía, Etchegoyen (2006) se pregunta: "¿Qué ciudadano/a forma la educación? ¿Qué nos depara el futuro en materia de derechos y de participación política?" Explica que la constante búsqueda por mayor humanidad es un devenir eterno y dialéctico. Esta humanidad que nos constituye y que constituimos, se desarrolla en la historia y en los vínculos, como una posibilidad de praxis. Es en este proceso histórico donde se construye socialmente la ciudadanía. La libertad es un punto de partida del proceso de humanización, pero tampoco es algo dado, sino un derecho a conquistar permanentemente. La humanización, como realización en la ciudadanía, es siempre una posibilidad, y depende de nuestra acción. Ahora bien, ¿cómo se construye la ciudadanía? Se plantea que dando testimonio histórico de ella, a través del compromiso y de la lucha junto a otros, y desde los discursos, pero no sólo diciéndolos sino sobre todo encarnándolos, en esta lucha que implica riesgos asumidos libremente (Etchegoyen, 2006, p. 128).

El "ser más" resume la idea de ciudadanía como devenir, y Freire (2005) utiliza una categoría importante que explica esta idea: lo "inédito viable": los seres humanos encuentran obstáculos que se necesitan vencer, o "situaciones límite". Éstas son percibidas en forma crítica, aparecen como desafíos, como posibilidad. En las situaciones límite se enfrentan dominantes y dominados. La solución, la utopía está en lo "inédito viable", o sea en lo que aún no existe pero es posible de conseguir mediante prácticas humanizadoras de construcción de ciudadanía. La acción tiende a romper la frontera entre el "ser" y el "ser más", y en esto consiste el proceso de liberación. La construcción de la ciudadanía va a permitir que los seres humanos sean activos transformadores de su realidad a través de su trabajo creador, en tanto trabajo concreto y no abstracto. Freire vincula la construcción de la ciudadanía con los derechos humanos. Las relaciones capitalistas de producción soslayan estos derechos para gran parte de la población. Los niega por una razón estructural, que está en la base de su mismo ser: la alienación del trabajo. Recuperar el trabajo consiste entonces en poder ser sujetos de la historia. Para ello es preciso denunciar a la vez que enunciar las situaciones deshumanizadoras del presente, y anunciar la posibilidad de transformación. El pedagogo brasileño reconoce el carácter reproductivista de la educación, pero afirma que este carácter no la agota, porque concibe a la educación como transformadora. La educación, entendida de este modo, es un proceso constante de liberación. Aparece como una experiencia de decisión, de ruptura con la ingenuidad, de pensar reflexivamente, de conocimiento crítico.

CAPITULO 8

Instituciones, proyectos y construcciones de subjetividad

Susana Vidoz

Análisis comparativo acerca de las propuestas de formación en ciudadanía de los Centros de Actividades Juveniles (CAJ) y las experiencias de pasantías de aprendizaje-servicio en el Colegio Universitario Patagónico (CUP)

Categorías	Centros de Actividades Juveniles (CAJ)	Colegio Universitario Patagónico (CUP) Pasantías de aprendizaje-servicio. Intervención comunitaria (PIC)
Lugar donde se desarrolla	Los centros funcionan en los edificios escolares los días sábados. No dependen de las autoridades escolares.	Las pasantías se realizan en distintos lugares dependiendo del perfil de actividad elegido por el alumno. Casa del niño, escuelas especiales, hogar de ancianos, centros comunitarios, bibliotecas, etc.
Dependencia institucional	Dependen del Ministerio de Educación de la Provincia de Chubut. Son programas con financiamiento nacional.	Tercer año. CUP- Universidad Nacional de la Patagonia San Juan Bosco.
Responsables a cargo	Integrantes del equipo técnico con rol de coordinación. Talleristas (no necesariamente docentes).	Espacio curricular de pasantía. Gabinete pedagógico. Psicólogo. Docentes.
Sujetos participantes	Jóvenes (sin importar su condición escolar).	Alumnos cursantes del 3° año de educación secundaria.
Actividades que realizan	Talleres varios. Teatro, música, danza, deportes, charlas sobre problemáticas diversas, etc. Entrenamientos, ensayos, etc. Campamentos. Muestras y exposiciones de sus producciones.	Orientación vocacional. Proyecto de intervención comunitaria en el marco de la educación solidaria. Inserción del alumno en el medio social y/o profesional. El CUP realiza las gestiones administrativas con instituciones. Distintas experiencias.

Cómo se ejercita la ciudadanía	Conformando y participando de un espacio común. Se espera que el participante tenga permanencia. Que respete reglas y participe de actividades con otros. Cada actividad o taller se sostiene a partir de la motivación y la voluntad de participación de los jóvenes. Esta voluntad de participar es fundante de la práctica ciudadanía que la motiva.	Alumno orientado. Elabora y propone un Proyecto de Intervención Comunitaria sobre temas de su interés. Realiza la experiencia. Hace autoevaluación. Recibe evaluación/devolución. Se espera que el alumno se comprometa con el otro. La voluntad de participar está condicionada por tratarse de una actividad que será evaluada y calificada formalmente.
Vivencias de los responsables	*"(…) Tenés que ser audaz. Hay muchas situaciones que no podés resolver"*. *"(…) no soy de forzar las cosas, sino, me convierto en profesor"*. *"(…) yo confío,… no hago contención"*. Los responsables reconocen la contingencia del espacio y la heterogeneidad. La alteridad resulta en una igualdad a la que hay que habilitar, instituir para así inspirar la voluntad y motivación de los jóvenes de participar.	*"Movilizante […] Se aprende a ser solidario. […] Tenemos una cultura de gente impecable"*. La riqueza de la experiencia que desarrollan los alumnos está mediada, entre otros factores, por la experiencia del trayecto escolar ya transitada y por el desempeño académico y/o profesional del cuerpo docente.
La democracia liberal y restringida en la escuela	La autonomía e iniciativa individual no se pueden promover en contextos sociales hostiles y desafectos, y en contextos institucionales estatalizados.	La autonomía e iniciativa individual se pueden potenciar en contextos institucionales estatalizados que promuevan una ciudadanía liberal, por ejemplo a partir de la excelencia académica. Una experiencia de ciudadanía radicalizada requiere de otros espacios que no necesariamente sean las asignaturas, y de condiciones de aprendizaje que favorezcan la incorporación de la diferencia y la diversidad. Experiencias de ciudadanía radicalizada también pueden promover la autonomía e iniciativa individual.

Contradiccio-nes y cons-trucciones	Los CAJ se desarrollan en escuelas, pero no necesariamente están a cargo de docentes. Convocan a una amplia franja etaria de jóvenes, quienes no tienen que estar necesariamente escolarizados. La posibilidad de la rotación entre los CAJ incide en la movilidad espacial, y de esta manera promueve experiencias, conocimientos nuevos y vinculaciones personales, que amplían el horizonte del intercambio social. Contrariamente a esta propuesta, la escuela requiere de una concurrencia permanente, ocupando los lugares conocidos y repitiendo los rituales de ordenamiento y enseñanza para dar continuidad a los procesos de aprendizaje. La puesta en marcha del CAJ pone en tensión a la propia escuela, en tanto diferencia sus principios administrativos y su autoridad formal. Pese a las dificultades y tensiones que genera el uso de los edificios escolares, han logrado mantenerse desde 2006. Los CAJ generan espacios de intercambio no mediados por motivaciones económicas o materiales, sino que han logrado una producción colectiva, como puede ser una obra de teatro, una coreografía, una pieza musical, etc., que puede ser exhibida. Importa el estar, el permanecer y ser parte del espacio común. Si bien los CAJ no fueron concebidos como espacios de contención, asistencia social, ni siquiera de asistencia psicológica para enfrentar conflictos y situaciones de violencia familiar; se podría suponer que complementan otras intervenciones del Estado provincial en ese sentido.	Los proyectos de Intervención Comunitaria se realizan en distintos lugares e instituciones locales. El espacio curricular tiene características distintas del resto de las materias. Los contenidos del PIC están definidos por los alumnos mediante el debate, la deliberación y practicando la persuasión y el convencimiento ante desacuerdos. La propuesta está pensada desde el alumno como miembro de la institución escolar; que teniendo en cuenta su vocación e intereses, provee los espacios para realizar las pasantías desde el aprendizaje en servicio, velando por el logro de la experiencia solidaria. El desarrollo del PIC implica mucho trabajo de gestión al CUP. Tomar contacto con las instituciones, pedir autorizaciones, seguros, y sostener un diálogo informal para obtener la buena disposición de los directivos y contrarrestar la desconfianza que limita las posibilidades articulación institucional. La actividad se originó como una pasantía formativa y orientadora de la vocación profesional. El contexto laboral de las pasantías hacía de los pasantes una mano de obra barata, obteniendo poca experiencia y acercamiento a los contenidos y prácticas de la profesión. La transformación de pasantía laboral a PIC en el marco de la educación solidaria y el aprendizaje en servicio, revalorizó la práctica y el espacio del proyecto. Es decir, se constituye como un espacio que favorece la iniciativa, la autoestima y la confianza en sí mismo y en otros.

Consensos y Conflictos	Los CAJ se ofrecen como espacios de participación abiertos. Cualquier joven interesado, por estar ahí –con su presencia– puede participar, incidir a partir de su voluntad e interés manifiesto en los talleres o actividades específicas que se desarrollen. Esta participación va siendo organizada mediante reglas, a partir de las cuales se da un marco de previsibilidad a las interacciones, pero manteniendo la apertura necesaria para incluir a otros. Esa inclusión puede implicar transitar procesos de negociación tras los cuales, lo alcanzado no sea completamente lo propuesto. En estos procesos, los jóvenes van desarrollando estrategias para generar propuestas, armarlas y sostenerlas en el tiempo.	El colegio organiza el entramado de relaciones y negociaciones con las otras instituciones, a efectos de asegurar a los alumnos las condiciones necesarias para la práctica de la experiencia educativa. No habría conflicto en torno a la elección y gestión de las experiencias solidarias, dado que cada alumno elige y elabora su propio proyecto.
Resistencias, hegemonía, burocracia, jerarquías	Como proyecto educativo, los CAJ parten de la motivación personal para avanzar sobre la construcción de un proyecto colectivo. Este espacio se sostiene a partir del compromiso de quienes lo conformaron. Es en este sentido que lo colectivo puede operar como instancia fundante de las subjetividades individuales. La expresión de lo político que surge se conforma a partir de una forma de sociabilidad caracterizada por un "poner el cuerpo" (Southwell, 2012). También permiten motivar el "cuidado de sí", que en sentido foucaultiano significa conocer ciertas conductas o principios que son verdades, y prescripciones a las que los sujetos se deben equiparar para participar de manera ética de la práctica de la libertad. En palabras de sus participantes, los CAJ "son una manera de tener constancia". También se constituyen como una alternativa, a partir de su distanciamiento en relación con otras dimensiones institucionales y académicas. El espacio de trabajo de los CAJ no se organiza a partir de docentes ni directivos en funciones; tampoco se reconocen contenidos específicos. En un sentido amplio, el enfoque pedagógico ensayado en estas actividades se corresponde con la educación popular.	Como espacio curricular, los PIC también parten de la motivación personal, en tanto son propuestos por los propios alumnos. En el marco de las actividades implicadas, los participantes conocen y se integran en espacios de trabajo en los cuales se produce su experiencia solidaria. De las entrevistas a los alumnos, surge el entusiasmo que generó la tarea por el impacto (por ejemplo, en el barrio), el descubrimiento de un nuevo espacio y del otro. Esta posibilidad del descubrimiento amplia el horizonte relacional, y con ello también la posibilidad de realizar lo que Foucault llamó "una práctica reflexionada de la libertad". También aquí la expresión de lo político que surge se conforma a partir de una forma de sociabilidad caracterizada por "poner el cuerpo" (Southwell, 2012).

El análisis comparativo de estas propuestas educativas nos permite observar que las instituciones tienen un plus de sentido que excede sus objetivos formalmente declarados. Este plus de sentido es el efecto de la distorsión, de la cuenta errónea, de la cuenta de la parte de los que no tienen parte (Rancière, 2007). Es precisamente la política así entendida, como un desborde, como un susurro sordo a punto siempre de hacer estruendo, lo que hace que las instituciones se recreen a partir de dar lugar a lo múltiple, lo diverso, lo diferente.

Esa inconmensurabilidad en la relación entre las palabras y las cosas (Foucault, 2008) abre espacios de representación que permiten gestionar el conflicto y la negociación.

Siendo que la relación entre la edad biológica y la edad social no es lineal ni coincidente, las clasificaciones etarias pueden ser vistas como imposiciones de límites y producción de un orden al que todos deben atenerse, manteniendo sus lugares. De esta manera, los jóvenes no conforman esencialmente una unidad social homogénea, un grupo de intereses comunes que derivan del rango de edad biológica determinada (Bourdieu, 2011).

Es necesario reconocer "juventudes" a partir de variables socioeconómicas, educativas y espacio-territoriales. Así se observa que los grupos de jóvenes más homogéneos participan de espacios más estructurados (en torno a planes de estudio o contenidos de materias) como la experiencia de aprendizaje en servicio del CUP, mientras que grupos de jóvenes más heterogéneos entre sí participan de espacios menos estructurados y no escolarizados, como lo son las experiencias de los CAJ.

Asimismo, los CAJ manejan una considerable amplitud etaria y flexibilidad en los límites para incluir participantes, teniendo en cuenta los contextos sociales y barriales en los que están inmersos los jóvenes. En tanto que en la experiencia del CUP sólo participan los alumnos en el contexto de prácticas organizadas y formalizadas para la evaluación del desempeño escolar. La educación solidaria del CUP trabaja con grupos más homogéneos, los cuales comparten el conjunto de actitudes y conductas básicas que aseguran su permanencia institucional en el aula.

El sistema escolar distribuye títulos, intercambiables por derechos, por reconocimiento de competencias sociales. Al operar como un vehículo de privilegios, el sistema escolar asiste principalmente en la reproducción del orden. Sin embargo, también se presenta como un espacio privilegiado para la promoción de experiencias de politización igualitaria, donde se constata –a partir de la palabra instituyente del docente– la igualdad de las inteligencias, que inspira la voluntad de aprender y de ejercer una práctica reflexionada de la libertad, un *ethos*, que se alcanza mediante el cuidado de sí y en vínculo con otros (Foucault, 1994).

De esta manera, resulta evidente que el potencial democratizador de una relación pedagógica debe trascender la dicotomía dada entre la educación formal y no formal. Antes que dichos términos, hay que recuperar sus potencialidades y trascenderlos. Las experiencias analizadas se han presentado como un claro convite en este sentido.

De la experiencia no formal, cabe reconocer la condición *per se* de horizontalidad de las relaciones que ahí se constituyen entre los sujetos y, a su vez, la apertura a lo heterogéneo constituido en alteridad. Esta condición incondicionada que permite horizontalidad de las relaciones resulta un elemento fundante, un supuesto de igualdad del que parten quienes deciden libremente participar, proponer proyectos, ideas, etc.

En este sentido, los CAJ resultan espacios públicos donde se construye una intimidad relacional entre sus integrantes, donde el proyecto colectivo está íntimamente vinculado a lo personal. Desde esta motivación personal se vislumbra la puesta en valor de la experiencia como sujeto, lo que instaura la posibilidad del trabajo colectivo.

El documento que define los lineamientos de los Centros CAJ para el ciclo 2012, expone el siguiente posicionamiento respecto a intervenir en contra de la desigualdad educativa, social y cultural:

Se ha asumido, desde la gestión, la responsabilidad de llevar adelante políticas públicas ligadas al ejercicio de la justicia educativa procurando a los ciudadanos un marco de igualdad jurídica, pero también de igualdad de oportunidades. Es decir, ofertas culturales y sociales que faciliten el acceso a las ventajas y exigencias de época, comprendiendo que es imperioso a lo largo de la infancia y adolescencia, tiempo que se dedica o debiera dedicar en exclusiva a la tarea educativa, procurar intervenciones que produzcan una experiencia educativa con sentido, que posibilite el pasaje, transmisión cultural que apunte a más amplios circuitos y posibilidades de inserción social, económica y cultural. En tal sentido, promovemos el desarrollo de proyectos que se realicen en tiempos y espacios complementarios al interior de la escuela, que permitan intensificar aprendizajes y ampliar la propuesta educativa.

De la experiencia formal, cabe destacar el trabajo reticular de la escuela en relación con las distintas instituciones en las que los alumnos eligen desarrollar sus proyectos, como así también el acompañamiento de los docentes. El corolario de esta experiencia adquiere el sentido de las vivencias personales (identificación, encuentro con el otro, etc.) y también del mérito reconocido escolarmente, traducido en una calificación y en el título habilitante que se obtiene.

Las experiencias de los CAJ y de educación solidaria del CUP muestran la diversidad de formas y contenidos desde los cuales reconocer al otro, generando espacios que propician la promoción de procesos de identificación social y de subjetivación política, en torno a una posible multiplicidad de temas.

Particularmente, los CAJ se presentan como un espacio radical, con un destacado potencial para la emancipación intelectual en tanto sus experiencias pedagógicas nos revelan la lógica igualitaria ranceriana (la igualdad de cualquiera con cualquiera) operando en los distintos talleres y actividades. En este sentido, sus protagonistas (participantes y responsables) se refirieron a los CAJ como espacios de "planificación flexible", pasibles de incorporar jóvenes tanto de escuelas públicas como privadas, y no escolarizados también, de otros barrios; y que asimismo, contemplan la posibilidad de que se integren en instancia de decisión. Las actividades que desarrollan (contenidos artísticos –baile, teatro, música–, deportivos o de derechos) son "*la excusa para conformar aspectos grupales*". Las relaciones que allí se suceden se explican en términos de coordinación, dar y recibir consejos, participar de intercambios, compartir, aprender sólo a partir de la propia motivación, aprender distintas formas de expresión.

Por su parte, las pasantías de aprendizaje en servicio del CUP se presentan como un espacio que potencialmente puede integrar un conocimiento técnico, la apropiación de saberes formales en una experiencia solidaria, en la que no necesariamente está siempre implicada la lógica igualitaria, pero sí lo está como latencia. Como se trata de una práctica inserta en un contexto situado, y siendo muy diverso al abanico de experiencias probadas (desde las instrumentales hasta las más propiamente solidarias, desde los proyectos individuales y hasta los grupales), sus efectos no pueden ser determinados apriorísticamente. Siempre tenemos un final abierto.

Ciertamente, ambas experiencias apuntan –de distinta manera– a promover momentos y espacios para el encuentro, desplazamientos físicos y sociales, instancias de apropiación de saberes y de constitución de sujetos, que ahora se reconocen y se identifican en una apertura de espacios de integración, de proyectos de vida, de nuevos interrogantes con los cuales se puede, si no conjurar, al menos desafiar la inercia y la abulia, y motivarse en la búsqueda de un destino propio. Ambas experiencias nos ayudan a entender a la escuela como un lugar político, y a la práctica docente como una actividad política que puede mediar y posibilitar distintas formas de ejercicio de la ciudadanía.

ALGUNAS CONCLUSIONES

El trabajo de investigación realizado ha permitido recoger testimonios de actores diversos en varias instituciones educativas, comprometidos todos ellos con la enseñanza y el aprendizaje de la ciudadanía.

Si bien las propuestas educativas son distintas, según se trate de la educación formal que brindan las escuelas secundarias o de las propiciadas por los CAJ, lo que tienen en común es la existencia de un proyecto institucional. Proyecto en el cual intervienen activamente todos los actores involucrados. Ni las acciones aisladas de los docentes, ni la realización de tareas de aprendizaje acotadas por parte de los jóvenes tienen la misma fuerza educativa que las actividades que forman parte de un proyecto institucional pensado, conversado, debatido y puesto a prueba, en el cual los profesores, estudiantes y directivos –en el caso de las escuelas medias– y los integrantes de equipos técnicos, talleristas y jóvenes –en el caso de los Centros CAJ– cumplen un rol protagónico, pudiendo discutir las intencionalidades, los mejores cursos de acción y los modos alternativos para su desarrollo. Una institución que impone los contenidos de ciudadanía de "arriba hacia abajo", sin propiciar la participación de la comunidad educativa en el debate acerca de los criterios para su selección y las formas posibles para su aprendizaje, contradice con estas prácticas verticalistas lo que se propugna desde los principios o las teorías invocadas.

La formación en ciudadanía no puede quedar circunscripta a una sola materia en la escuela secundaria. Son diversas las disciplinas que atañen a la ciudadanía, por lo cual es imprescindible su abordaje multi e interdisciplinario, disciplinar desde las materias específicas que contemplan los diseños curriculares, y también transversal, a partir de temáticas potentes que se seleccionen en las escuelas. La cooperación entre las diversas disciplinas que aportan a los contenidos de ciudadanía conlleva a trabajar sobre temas diversos, pero en el marco de la estructura común del proyecto institucional, lográndose reales interacciones y reciprocidad en los intercambios a través del enriquecimiento mutuo.

La ciudadanía se aleja de la clásica concepción histórico-evolutiva, y también de las perspectivas reduccionistas de la política que la confinan sólo al Estado, separado éste de la esfera social y económica. Además, si se pretende formar conciencias críticas para una ciudadanía radicalizada, resulta prioritario que a los jóvenes se les brinden oportunidades para actuar, para aprender redimensionando saberes prácticos, reflexionando profundamente acerca de estas situaciones concretas. Todos y cada uno de los docentes, coordinadores y talleristas son responsables de la enseñanza de la ciudadanía, y no sólo lo son los profesores de las ciencias sociales. Pero es necesario que se organicen instancias de formación docente para lograr estos propósitos. No hay una única estructura sustantiva para organizar los contenidos de ciudadanía. No existe una sola concepción o enfoque, sino que es una construcción que entraña análisis, discusión y develamiento de aspectos complejos, pues la ciudadanía implica una tensión irreductible, una contingencia constitutiva de principios.

La ciudadanía requiere, por lo tanto, de un debate situado y permanente, porque no está "dada" ni "plasmada" en la sociedad. Hay que analizar los hechos de la realidad, considerar el devenir histórico y las contradicciones sociales, políticas y económicas.

Es relevante abordar el conflicto para la formación en ciudadanía, desarrollando perspectivas que posibiliten entender la dinámica del poder, las realidades políticas complejas, la desigualdad y las relaciones de dominio. Las instituciones educativas deberían convertirse en verdaderos "laboratorios" para el ejercicio sustantivo de la ciudadanía, con el fin de que los jóvenes analicen los conflictos que allí se instauran, y de este modo puedan también disentir, argumentar y proponer cambios. Las experiencias de participación genuina en el gobierno escolar que desde hace muchos años viene implementando el CUP –aun mucho antes de que estas prácticas fueran incorporadas en otras instituciones educativas–, son un ejemplo claro que da cuenta de posibilidades tangibles para aprender ciudadanía observando y participando de lo que acontece en la propia escuela.

También es importante reflexionar acerca de las formas de enseñanza, de la imprescindible coherencia que debe generarse entre las actividades pensadas para el aprendizaje y los contenidos propios de la ciudadanía, como asimismo del porqué de la pertinencia de la participación de distintas disciplinas en su campo. Si los docentes no se sienten implicados y comprometidos en un proyecto educativo institucional de esta naturaleza, difícilmente se logren los propósitos de formación. La tarea que desempeñan los profesores y talleristas en estos procesos resulta primordial, pues no sólo les atañe la responsabilidad de analizar críticamente marcos teóricos y orientaciones diversas, sino que fundamentalmente deben tomar postura ante ellos, elaborando propuestas que posibiliten acortar las brechas que existen entre las condiciones reales de los contextos en los que trabajan, y sus aspiraciones educativas.

En las situaciones educativas analizadas, hemos podido comprobar que cuando las estrategias didácticas se implementan a partir del ejercicio mismo de la ciudadanía, desde propuestas radicadas en diferentes contextos que van resolviendo de modo situado y contingente distintas situaciones y problemáticas, los jóvenes aprenden de un modo altamente significativo. Son experiencias profundas, que dejan huella, que no se olvidan fácilmente. En algunos casos, incluso, hay jóvenes que han decidido su futura carrera, trabajo o profesión a partir de estas vivencias de formación en ciudadanía.

El curriculum en las instituciones no sólo tiene que ofrecer información, sino que debe involucrar a los jóvenes en espirales cada vez más complejos de indagación, que los lleven desde un conjunto de respuestas, a replanteos y preguntas más desafiantes, revelando conexiones entre las temáticas abordadas y otras ideas, cuestionamientos y nuevos problemas.

La innovación se constituye en un proceso de construcción social e histórica en el que coexisten prácticas de enseñanza fundadas en diferentes concepciones de ciudadanía. No ocurren cambios repentinos, considerando que los docentes deben ceder una parte de la identidad diferencial que conforma su profesión para poder innovar. Las innovaciones son producto de una historia, dan cuenta de cambios y de permanencias. La escuela y sus actores forman parte del complejo mosaico de posiciones sociales divergentes sobre los significados de la formación de los alumnos para el ejercicio de la ciudadanía, y el contexto histórico refleja pautas previas de conflicto y poder. Lo que se ofrece en las escuelas y lo que se enseña en ellas sólo puede entenderse históricamente. Las actitudes educativas anteriores de grupos dominantes en la sociedad mantienen su peso histórico.

La negociación con los jóvenes es un aspecto clave. Existen múltiples opciones, recursos y actividades que permiten otorgarle sentido al aprendizaje de la ciudadanía, pero cuando se brinda a los estudiantes la posibilidad de elegir los cursos de acción, a partir de tópicos generadores consensuados con los docentes, se promueve un clima adecuado para la apropiación de los contenidos de ciudadanía. Expresión gráfica; música; títeres; trabajo solidario; teatro; ayuda y servicio en instituciones diversas; tareas de cuidado ambiental; recupero de la memoria histórica respecto a hechos trascendentes; enseñanza a niños, a grupos de la tercera edad y a personas con discapacidad; propuestas para la defensa de los derechos de las personas; organización de actividades deportivas; comunicación en entornos tecnológicos; entre muchas otras, son actividades altamente significativas que seleccionan los jóvenes para realizar un ejercicio pleno de ciudadanía, aprendiendo desde el hacer.

Sin embargo, es importante que en los procesos de negociación que se establecen entre los jóvenes y los docentes o talleristas exista un diálogo sostenido y constructivo, pues no se trata de banalizar las propuestas de formación a partir de tareas inocuas que no brinden oportunidades para pensar con profundidad, yendo "más allá" de lo que se sabe, de la propia cotidianeidad. Los coordinadores de los CAJ han podido efectuar excelentes intervenciones en este sentido, conversando con los jóvenes para que las actividades y temáticas acordadas se conviertan en experiencias valiosas. Y en el CUP los alumnos, docentes y directivos decidieron dejar de lado el programa institucional de pasantías laborales que hacían los estudiantes en años anteriores, pues concluyeron –luego de fecundos debates– que el mismo no ofrecía instancias apropiadas para la formación, contradiciendo además los propios fundamentos de una educación en ciudadanía.

Para lograr estos propósitos es necesario por parte de los adultos que asumen el rol docente el reconocimiento del otro, la confianza, la apuesta por los jóvenes y por su capacidad para participar, para pensar con criterio, para tomar decisiones y actuar propositivamente.

El aprendizaje por proyectos constituye una estrategia didáctica valiosa para encauzar las actividades que se eligen. Los proyectos ayudan a tender puentes con el contexto en el que viven los jóvenes, construyendo espacios de agenciamiento a partir de sus intereses y de problemáticas genuinas del medio. Agenciamiento que potencia creativamente la capacidad de hacer, de actuar, introduciendo cambios y novedades desde el juego de lo posible.

Ha sido importante analizar la posibilidad de agencia en los protagonistas para frecuentar los textos que se construyeron con su voz y sus expresiones. Ellos nos proporcionaron distintas miradas críticas que iluminaron las realidades de lo que estaba ocurriendo, para repensar la construcción de la ciudadanía desde sus propios procesos de enseñanza y aprendizaje. Asimismo, la voz de los actores en el presente trabajo nos ha permitido reflexionar acerca de la emergencia de nuevas relaciones que reclaman una reconstrucción de lazos de unión ciudadana. Así, la agencia es una condición de potencialidad, y cobra sentido tanto en la contingencia de los sujetos como en los contextos específicos de referencialidad de acciones que permiten algo distinto desde un nos-otros en el cual el Estado, en sus procesos constitutivos, abre intersticios. Allí la ciudadanía construye sus capacidades de obrar y decidir.

La búsqueda y configuración de diferentes espacios sociales comprende también las intervenciones pedagógicas que le otorgan especificidad a la pluralidad de lenguajes, y a las diversas acciones que implican transformaciones e innovaciones. Pues una práctica innovadora no se desenvuelve en forma discontinua o a partir de eventos excepcionales, sino desde propuestas legitimadas en las instituciones educativas, las cuales coadyuvan a conformar en nuestras sociedades nuevos y renovados espacios públicos.

La ciudadanía se produce y se reproduce, es experiencia de vida en el mundo cotidiano en torno a argumentos y visiones, en la capacidad de hacer y decidir desde contextos múltiples y cambiantes. Implica prácticas, opiniones, sentidos, deliberaciones, discusiones, conflictos, experiencias, creencias, entendimientos y desentendimientos. Estas dimensiones ineludibles desafían el proceso de composición y acción de la ciudadanía en las vidas públicas y privadas de los sujetos individuales y colectivos, siendo las ideas una fuerza incondicional para su constitución.

Los jóvenes estudiantes se encuentran inmersos en distintas prácticas discursivas, las cuales posibilitan a la escuela situarse en un lugar simbólico privilegiado que permite realizar un examen crítico de las mismas.

Pero para ello es imprescindible reconocer a los jóvenes como sujetos plenos de derecho, y no como seres inmaduros o incompletos que se están formando –y que por ende, sólo podrán hacer uso de sus derechos en el futuro, cuando lleguen a la adultez y madurez–. Constituye una premisa básica para la educación en ciudadanía. Esto implica, entre otras cuestiones, generar las condiciones para que los jóvenes puedan expresarse, puedan hablar, escuchar y ser escuchados. Se requiere partir de la igualdad como una premisa que se verifica y se puede reactualizar en distintas instancias y espacios de interacción, y no como un objetivo a lograr posteriormente. Dar la voz a los jóvenes en las instituciones educativas permite asegurar uno de los prerrequisitos ineludibles para el ejercicio de la ciudadanía. Participar de la denominada "sociedad del conocimiento", contando con las herramientas y capacidades intelectuales para poder hacerlo, es el propósito fundamental que persiguen las instituciones encargadas de educar a los niños y jóvenes.

Porque si lo que se pretende es una sociedad más justa, es preciso concebir al conocimiento como un capital que deben poseer todos. Las intencionalidades educativas de las escuelas, por lo tanto, no deberían ser "lograr" la igualdad de los sujetos, dado que la igualdad es un punto de partida, no de llegada. Lo importante es reconocer quiénes son los jóvenes que requieren de más ayuda pedagógica, y de qué modo se pueden generar las mejores condiciones para el aprendizaje. Pero para ello hay que situarse en un plano de profunda confianza en las posibilidades del otro, en su capacidad para aprender. Es necesario luchar contra toda forma de exclusión y de relegación, logrando que todos los jóvenes adquieran los diversos y cambiantes conocimientos socialmente valiosos que permiten ejercer en las distintas esferas de la actividad humana una práctica ciudadana.

Es posible sostener que esto implica un posicionamiento y compromiso por parte de los docentes entrevistados, quienes asumen con audacia el "arriesgarse a innovar" para educar, evitando cualquier forma de discriminación. Supone interrumpir las formas escolares institucionalizadas de enseñar y aprender, flexibilizar el curriculum formal y abrir las fronteras de la escuela a nuevos espacios que trasciendan el aula. En este sentido, el desarrollo de propuestas institucionales de innovación estudiadas se apoya en el trabajo colectivo, mediante la deliberación, el análisis crítico y la reflexión para la búsqueda de soluciones a los problemas.

Desde una mirada del contexto en el que se desarrollan los proyectos de los CAJ, se observa una proliferación de programas especiales por fuera de la organización institucional y curricular de la educación secundaria, tratando de solucionar problemas de retención y de fracaso escolar, revisando críticamente la cultura de trabajo y sus vinculaciones con las escuelas. Esto requiere de cambios en las prácticas educativas, para poder atender a estos problemas institucionalmente, pues de otro modo se favorece que las innovaciones queden acotadas a las propuestas individuales que realizan algunos profesores en sus espacios curriculares.

Las dicotomías taxativas respecto a la educación formal y a la educación no formal, dan lugar a un posicionamiento que origina circuitos altamente diferenciados. Cuando se trata de formar a los jóvenes en los propósitos de una ciudadanía crítica y responsable, es el sistema educativo en su totalidad el que tiene que abocarse a los mismos. Esto implica replantear las intencionalidades y alcances del curriculum, como un proyecto que debe ser inclusivo y extendido, para abarcar no sólo a los sujetos que logran estar y transitar la escolarización, sino también a otros sujetos que, por distintos problemas y circunstancias, no han podido permanecer en las escuelas, pero que están dispuestos a sumarse cuando se los convoca a formar parte de proyectos educativos que les resultan significativos. Y es desde estas experiencias que, en muchas ocasiones, los jóvenes logran reinsertarse en la educación formal y culminar sus estudios, aunque no sea éste un propósito explícito de este tipo de proyectos.

En los casos seleccionados del CUP y los CAJ, los mismos se sustentan en una cultura de trabajo en equipos y de revisión crítica de las experiencias educativas para su mejora. En ambos casos los docentes asumen un compromiso ético y político respecto a la educación, generando espacios de resistencia a los modelos que contribuyen a la reproducción de la desigualdad social.

En el caso del colegio, el desarrollo de una innovación didáctica emergente en un espacio curricular posibilitó tanto la revisión de prácticas institucionales como la transformación del proyecto educativo institucional, siendo la incorporación de la educación solidaria uno de los ejes centrales de la formación, del mismo modo que la vinculación en redes con instituciones que trabajan en el mismo sentido. La educación solidaria se promueve entonces desde un Programa Nacional, y los docentes se sienten interpelados por esta política de Estado, lo cual les permite repensar la propuesta de su espacio curricular e innovar en el contexto de una cultura institucional que favorece la autogestión.

En ambos casos, los educadores elaboran propuestas innovadoras desde el respeto hacia la autonomía de los jóvenes, quienes asumen un papel protagónico en su aprendizaje. El docente favorece los espacios para aprender con y de los otros, ejerciendo el rol de orientador para el acceso al conocimiento, pero sin considerarse como su único poseedor y transmisor. Este posicionamiento respecto a la relación docente-alumno es en sí misma constitutiva de la formación ciudadana, por la subjetivación política y el "cuidado de sí" que promueve en los jóvenes, quienes en función de los intereses que se plantearon aceptan a los otros como legítimos interlocutores para pensar la realidad y cambiarla.

Reconocer la autonomía de los jóvenes supone en los docentes una renuncia progresiva de su poder sobre ellos, habilitándolos para tomar decisiones acerca de su aprendizaje, como así también sobre su intervención en el mundo mediante propuestas comunitarias y expresivas. Hay que dejar de lado la omnipotencia del saber, potenciada en las relaciones de autoridad-dominio. Desde este posicionamiento, las experiencias dejan huellas en los jóvenes y los transforman, incidiendo en sus elecciones de vida, en sus formas de vincularse con otros, en los valores e intereses sociales que los comprometen. De este modo, se contribuye con la construcción de procesos de subjetivación política por parte de los jóvenes como agentes de cambio, desde la problematización de la realidad y la revisión crítica del sentido común para poder transformarla.

En base a lo planteado en la investigación realizada fue posible situar y analizar las propuestas educativas de ciudadanía desde una concepción compleja e interpeladora de la innovación, porque nuestra mirada no se focalizó en aspectos tecnocráticos tendientes a lograr niveles de producción y eficiencia, sino en una perspectiva política basada en los procesos de negociación, las relaciones de poder y la vinculación con el contexto, interpretándose los proyectos de innovación desde los significados y valores que los mismos tienen, tanto para sus actores como para los espacios en los cuales se modifican las relaciones sociales.

— ANEXOS —

ANÁLISIS DE DOCUMENTOS

ANEXO I

Los Centros de Actividades Juveniles (CAJ)[1]

Laura Maza

Los Centros de Actividades Juveniles (CAJ) forman parte del Programa Nacional de Extensión Educativa de la Dirección Nacional de Políticas Socioeducativas, del Ministerio de Educación de la Nación. Se desarrolla a través de propuestas para escuelas de nivel secundario. Estos Centros tienen por objeto promover nuevas formas de estar y de aprender en la escuela, a través de la participación de los jóvenes en diferentes acciones organizadas en tiempos y espacios complementarios y alternativos al horario escolar. Entendiendo que la educación está anclada en procesos de transmisión y adquisición del patrimonio plural de la cultura, la propuesta es "*hacer de la educación un anti-destino: práctica que juega, caso por caso, contra la asignación cierta de un futuro ya previsto*" (Núñez, 1999).

A través de los CAJ se propone a las escuelas la planificación de espacios educativos abiertos y flexibles, a partir de los cuales se aborden de modo innovador los contenidos curriculares, conformando una herramienta que complementa y acompaña el desarrollo de las distintas disciplinas. Dicha planificación se realiza a través de un proyecto, que es parte integrante del Proyecto Educativo Institucional (PEI), implementado en relación con las orientaciones establecidas en el marco de las Resoluciones 84/09 y 93/09 del Consejo Federal de Educación. Asimismo, se han tomado en cuenta los resultados del relevamiento censal de los CAJ y otros documentos de evaluación.

---

1. Este Anexo se ha elaborado a partir del Documento: "Programa Nacional de Extensión Educativa –PNEE– (2010). Centros de Actividades Juveniles. Lineamientos Generales, del Ministerio de Educación de la Nación".

La escuela opta entre las siguientes orientaciones para el CAJ:

- Educación Ambiental y Campamento.
- Desarrollo Artístico y Creativo.
- Comunicación y Nuevas Tecnologías.
- Ciencia.
- Deporte y recreación.

También se despliegan tres ejes transversales: Participación Juvenil y Derechos Humanos, Prevención del Consumo Problemático de Drogas, y Educación Sexual Integral. Además, el Proyecto CAJ se implementa bajo la modalidad Contextos de Encierro, ello implica el trabajo con jóvenes judicializados, funcionando en instituciones que albergan a menores de 18 años y en pabellones juveniles de diferentes cárceles.

En síntesis, en los CAJ los jóvenes participan de proyectos que involucren actividades educativas vinculadas al cuidado del ambiente y disfrute de la naturaleza; a proyectos científicos; al conocimiento y uso de los medios de comunicación y las nuevas tecnologías; a los deportes y a la cultura; al desarrollo artístico y creativo. Estos espacios, que se caracterizan por su apertura y flexibilidad, constituyen herramientas valiosas para fortalecer las trayectorias educativas de los jóvenes.

Propósito de los CAJ

- Ampliar y fortalecer las trayectorias escolares y educativas.

Objetivos

- Ampliar la oferta educativa.
- Constituirse en un espacio significativo para los adolescentes y los jóvenes de la escuela y de la comunidad, que permita desarrollar inquietudes y propuestas educativamente valiosas.
- Enriquecer la formación de adolescentes y jóvenes en la perspectiva de la construcción de ciudadanía y de la afirmación de sus derechos.
- Propiciar la utilización creativa y productiva del tiempo libre en torno al arte, el deporte, la producción cultural y la actividad socio-comunitaria.
- Promover la participación de adolescentes y jóvenes en la toma de decisiones relativas a las actividades y al funcionamiento del Centro.
- Fortalecer la pertenencia institucional promoviendo vínculos productivos y solidarios entre los jóvenes, y entre ellos y la escuela.

- Desarrollar propuestas para el abordaje de situaciones o problemáticas relevantes para los adolescentes y los jóvenes de la escuela y de la comunidad.
- Facilitar procesos de inclusión escolar de adolescentes y jóvenes que, por distintos motivos, no están cursando estudios en el nivel medio.

Las orientaciones

- EDUCACIÓN AMBIENTAL Y CAMPAMENTOS

Tiene por objetivo promover el cuidado del ambiente a través de los jóvenes. Para ello se llevan a cabo acciones que favorecen la elaboración e implementación de proyectos de educación ambiental, incluyendo capacitaciones a coordinadores, talleristas y docentes acompañantes, encuentros regionales o nacionales y campamentos de educación ambiental. Esta orientación tiene a su cargo la implementación del proyecto específico: **"Promotores Juveniles Ambientales"**, que contempla la formación de jóvenes para que puedan desarrollar actitudes a favor del ambiente y capacidad como agentes multiplicadores de cambio. Para ello se llevan a cabo diversas acciones dentro y fuera de las escuelas, que posibilitan construir conocimientos y ejercitar valores aplicables al desarrollo de proyectos de educación ambiental (PEA).

Las escuelas-CAJ que desarrollen esta orientación deben realizar un Proyecto de Educación Ambiental que forme parte del Proyecto Educativo Institucional (PEI).

Esta orientación se implementa a través del "Proyecto Promotores Juveniles Ambientales" que se desarrolla en cinco etapas:

1. Encuentros de capacitación provincial dirigidos a docentes a cargo de los Proyectos.
2. Elaboración de Proyectos de Educación Ambiental en las escuelas-CAJ.
3. Desarrollo de Campamentos de Educación ambiental destinados a jóvenes de todo el país, que se encuentren cursando los últimos años del ciclo secundario. Los mismos se realizan en bases de campamentos ubicadas en las diferentes provincias, y apuntan a profundizar los contenidos del Proyecto.
4. Puesta en práctica del proyecto diseñado por los jóvenes en sus ámbitos de acción.
5. Cierre de Proyectos a nivel local, regional, provincial o nacional según las necesidades de cada proyecto.

Es también una propuesta que permite sinérgicamente abordar diferentes propósitos relacionados con la experiencia de convivencia, con el valor de viajar y descubrir nuevos paisajes, con la experiencia de enseñanza y aprendizaje contextualizada en el territorio, con el sentido de pertenencia, con la producción de conocimientos y alternativas para la sustentabilidad y la reconstrucción de vínculos.

- Desarrollo Artístico y Creativo

Esta orientación se propone provocar en los jóvenes al encuentro con su propia sensibilidad artística, poniendo a su disposición herramientas que los acercan a los diferentes lenguajes. El objetivo es brindar igualdad de oportunidades para el desarrollo de la creatividad, donde se puedan cultivar todos los modos de expresión. Partiendo de la idea de que la experiencia creativa transforma al ser y en consecuencia a su entorno, se apunta a que los jóvenes puedan entrar en contacto con sus propios deseos y capacidades artísticas a través del intercambio con profesores, con sus propios compañeros y con personas especializadas que aporten conocimientos específicos para el desarrollo de cada disciplina, poniendo en valor y a un mismo nivel, el conocimiento del otro, el saber popular y la transmisión oral a la par de la formación académica. Se pretende que los jóvenes desarrollen su propia mirada estética, con pensamiento crítico, y que más allá de las representaciones formales puedan descubrir su manera personal a la hora de crear. Es importante promover el intercambio de producciones entre los pares, generar espacios de encuentro donde haya lugar para el debate y la reflexión conjunta, para que se hagan oír las voces de los jóvenes artistas.

Esta orientación tiene a su cargo la implementación de un proyecto específico: **MusiCAJ.** Se propone la creación e implementación de un nuevo Centro de Actividades Juveniles, con dedicación específica en el estudio, aprendizaje y ejecución de los contenidos y la estética musical de los variados géneros musicales nativos y de raíz folklórica de Argentina y Latinoamérica. En este proyecto la modalidad de trabajo propuesta es a través de talleres de enseñanza de instrumentos específicos, sumado a los ensayos del ensamble.

- Comunicación y Nuevas Tecnologías

La comunicación es, desde nuestros orígenes, una parte sustancial de nuestra existencia: para hacer amigos, para aprender, para enamorarse, para lograr un objetivo en común con otros, para entender y aceptar la diversidad. La capacidad de comunicarnos nos permite vivir en la cultura, construir códigos comunes, compartir. No es extraño entonces que la tecnología haya desarrollado en este campo nuevas y efectivas herramientas que amplían y facilitan en gran medida nuestra necesidad de encontrarnos y establecer un vínculo a través de la comunicación como parte del aprendizaje integral de cualquier ser humano. Estas nuevas herramientas (computadoras, Internet, dispositivos portátiles, telefonía móvil, video, etc.) amplían y redefinen los roles de lo que tradicionalmente se consideró como emisor y receptor. Desde esta orientación, se propone a los jóvenes un acercamiento a los distintos medios de comunicación (prensa escrita, radio, video, fotografía, etc.) a través de las nuevas tecnologías y desde distintas perspectivas. Esta orientación tiene a su cargo la implementación de dos proyectos específicos. **Radios Escolares CAJ** propone el desarrollo de diferentes estrategias y ámbitos de trabajo escolar, que estimulen la investigación, la expresión y el intercambio entre alumnos, educadores y comunidad. La Radio en la Escuela, el uso del medio como herramienta para la comunicación y el aprendizaje: se propone desarrollar experiencias regionales o provinciales con equipamiento básico para el trabajo radial. La radio utilizada como una nueva herramienta pedagógica y didáctica permite abordar con diversos recursos radiales los contenidos curriculares, a través de un canal de expresión lúdico y a la vez reflexivo. **Cine para la comunidad en la escuela:** En el marco del convenio con el INCAA, se brinda la Actividad de Cine para la comunidad en la escuela, que tiene por propósito la promoción de los vínculos entre la escuela y la comunidad educativa. Se considera a la escuela como el espacio privilegiado en la transmisión de cultura, y es por ello que la realización de encuentros para proyectar películas es una actividad valiosa en sí misma, más aun si a partir de ella se invita a dar lugar a los debates y reflexiones que puedan surgir.

- Ciencia

Esta orientación propone despertar y fortalecer el gusto y la pasión por la ciencia y el descubrimiento; promoviendo una visión de la ciencia como una actitud exploratoria y una manera de conocer la realidad, enfatizando los aspectos informales, creativos y hasta irreverentes de la ciencia. Una de las formas en que se puede concebir a la ciencia es como el *proceso* mismo de *construcción* de conocimientos. Esta dimensión implica conocer cómo se formulan preguntas e hipótesis, cómo se ponen a prueba, cómo se diseñan y llevan adelante experimentos, cómo se construyen modelos teóricos y se les otorga validez y cómo las ideas en ciencia cambian en base a la discusión y la obtención de nuevos resultados. En suma, cómo se **hace ciencia**. Y esto implica, desde luego, desarrollar en los estudiantes el pensamiento científico. Pensar científicamente no es sólo comprender los fundamentos del conocimiento y la investigación científica sino —y sobre todo— pensar críticamente, permitirse el cuestionamiento de cosas que nos resultan curiosas y buscar formas de tratar de entenderlas. La transferencia de estas herramientas a áreas del pensamiento no necesariamente relacionadas con la ciencia, contribuye fuertemente a la formación de ciudadanos para mejorar las condiciones de brindar aportes críticos y constructivos a la sociedad de la que son parte.

- Deporte y Recreación
Dentro de las escuelas, de forma paralela a sus actividades curriculares, los jóvenes realizan múltiples experiencias educativas que constituyen un valioso aporte para su formación integral. Bajo esta perspectiva son educativas las actividades vinculadas al deporte y la recreación.

- CAJ Itinerante
Este proyecto especial tiene como objetivo dinamizar la vida cotidiana de los CAJ y potenciar los vínculos con la escuela y la comunidad. Para ello ofrece diferentes actividades culturales y educativas dirigidas específicamente a los jóvenes dentro del espacio escolar, y otras en espacios comunitarios, plazas y clubes. Además, el CAJ Itinerante desarrolla propuestas comunitarias donde se convoca a la comunidad entera, niños, jóvenes y adultos a compartir experiencias.

Para esta propuesta se conforman equipos de educadores de las provincias y del PNEE para repensar la oferta educativa y diseñar en conjunto proyectos que tienen en cuenta las necesidades, expectativas y particularidades locales.

Desarrollo Profesional

Este espacio está pensado como una respuesta al derecho que todo trabajador de la educación tiene a recibir capacitación, y como una puesta a disposición de herramientas teóricas, ideas, relatos, experiencias, que permitan revisar las nociones, conceptos y prácticas en relación a las intervenciones socioeducativas con jóvenes. La propuesta permite el desarrollo profesional de los distintos actores que intervienen en el programa: "Diálogo entre generaciones: enfoques teóricos, respuestas políticas y dispositivos institucionales". La estructura está compuesta por cursos virtuales, a través de la plataforma de educ.ar, y encuentros presenciales que posibiliten retomar y profundizar los temas desarrollados.

Implementación del CAJ

Intervienen, aportando recursos y equipos técnicos, la Dirección Nacional de Políticas Socioeducativas del Ministerio de Educación de la Nación, y las Direcciones de Nivel, Direcciones y/o Coordinaciones de Políticas Socioeducativas de los Ministerios provinciales. El desarrollo de la propuesta requiere de la articulación de las diferentes estructuras del Ministerio de Educación con las estructuras educativas de las jurisdicciones y los establecimientos escolares. Asimismo, contempla el trabajo conjunto con distintas dependencias provinciales y municipales, organizaciones comunitarias y referentes de la comunidad. A nivel institucional, estos proyectos se implementan a través de un Equipo de Gestión conformado por el director del establecimiento, en carácter de autoridad, profesores, preceptores, los jóvenes y el coordinador designado para llevar adelante las acciones definidas de acuerdo a las orientaciones adoptadas. Con relación a la dimensión pedagógica, este proyecto se presenta a evaluación por la vía jerárquica correspondiente en cada jurisdicción, al Equipo Técnico Provincial del Programa y a la Coordinación Nacional.

Sedes CAJ

El Ministerio de Educación de la Nación y las jurisdicciones acuerdan las escuelas sedes de los CAJ en el marco de la firma de los Convenios Marco. Las escuelas que deseen incorporarse a esta línea harán la solicitud a las autoridades provinciales y al Equipo Jurisdiccional, para luego formalizar el pedido por la autoridad provincial correspondiente a la Dirección Nacional de Políticas Socioeducativas.

Funcionamiento

En cada jurisdicción se definen los días y horarios de funcionamiento de los CAJ. En todos los casos deberán cumplir por lo menos con una jornada semanal de 8 horas en la que se desarrollará el proyecto en el que participarán los jóvenes.

Destinatarios

Pueden participar del CAJ los alumnos y alumnas de la escuela, como así también otros jóvenes de la comunidad que no pertenezcan a la institución.

Conformación de equipos

El proyecto CAJ esta sostenido por el trabajo integrado de un equipo nacional, un equipo jurisdiccional y el equipo institucional que integra el CAJ.

El Equipo Jurisdiccional

Se constituye con un Coordinador Jurisdiccional CAJ o responsable CAJ y un equipo técnico, como así también por un responsable de la gestión administrativa de todos los procedimientos operativos, de transferencia y rendición de los recursos. El Equipo Jurisdiccional a cargo de los CAJ es responsable de la conducción e implementación estratégica del proyecto en cada provincia, en términos de su sentido y de la calidad de sus resultados. Sus integrantes son designados por las autoridades educativas de cada jurisdicción, en función de sus perfiles, antecedentes y de sus posibles aportes a la tarea. El Coordinador Jurisdiccional CAJ, junto al Equipo, es responsable de dar direccionalidad al proyecto de acuerdo con los propósitos generales de esta línea de extensión educativa y a las características, necesidades y posibilidades de cada jurisdicción. En ese marco, el Equipo Jurisdiccional desempeña un rol integrador con las diversas instancias involucradas en el proyecto: tanto del sistema educativo –Supervisores, Directores y Coordinadores– como de otras áreas del Gobierno Provincial, manteniendo asimismo un vínculo de trabajo sistemático con el Equipo Nacional. Junto con el manejo de los aspectos operativos y administrativos del proyecto, la tarea de los Equipos Jurisdiccionales adquiere especial relevancia en cuanto al seguimiento, la asistencia y el asesoramiento a Directores y Coordinadores de CAJ, desde una mirada crítica y propositiva respecto de las formas de trabajo con los jóvenes y de las propuestas que se llevan a cabo en cada Centro.

Conformación del Equipo Institucional del CAJ

- Director de la escuela

Es quien, de acuerdo a las necesidades de la escuela y la comunidad, define junto al equipo de gestión, la orientación del CAJ, enmarcada en el PEI. Conjuntamente con el coordinador, trabaja en la implementación, consolidación y el sostenimiento del Centro. Es responsable de percibir y ejecutar, de acuerdo con el coordinador, el fondo escolar y refrendar con su firma las rendiciones del mismo. Participa junto al supervisor escolar y el equipo técnico del Programa, en la jurisdicción, de la selección del Coordinador.

- Coordinador

Debe ser docente o profesional y acreditar experiencia en el campo cultural o en proyectos educativos similares.

Perfil:

1- Estar comprometido con la inclusión social y educativa de los jóvenes de su comunidad.

2- Conocer la comunidad a la que pertenecen las escuelas participantes del Proyecto.

3- Demostrar preocupación e interés por las problemáticas de la comunidad y su incidencia en las trayectorias educativas de los jóvenes.

4- Poseer habilidades y estrategias para la coordinación de equipos de trabajo, promoviendo la participación activa de todos sus miembros y la reflexión sobre las prácticas que se implementan en el Centro.

5- Tener un buen manejo de las relaciones interpersonales, generando vínculos de confianza con los jóvenes, los docentes, los directivos, las familias y los vecinos.

Tendrá que consustanciarse con los propósitos y objetivos del proyecto y desempeñar las siguientes tareas y funciones:

- Asumir la responsabilidad institucional del Proyecto CAJ, del diseño y de la ejecución del Proyecto Educativo.
- Conformar y consolidar el Equipo Institucional del CAJ, promoviendo espacios de reflexión de la acción para realizar los ajustes necesarios en función de los objetivos propuestos.
- Coordinar junto al Director, el equipo de gestión, promoviendo la participación de los jóvenes en el mismo.

- Alentar acciones con otras instituciones y organizaciones comunitarias, barriales y/o distritales para el fortalecimiento y participación en propuestas integrales de inclusión educativa.
- Escuchar a la comunidad educativa, sensibilizarse frente a las necesidades sociales y comprometerse con dar respuesta a las diferentes inquietudes que se planteen.
- Articular acciones del CAJ con diferentes organizaciones de la sociedad y otros organismos del Estado que posibiliten acciones intersectoriales e interinstitucionales, pertinentes y oportunas para dar respuestas a las necesidades de la comunidad.
- Alentar y promover el trabajo en equipo; potenciar las relaciones personales entre los docentes del CAJ, las escuelas y la comunidad educativa.
- Coordinar un proyecto colectivo, es decir reconocer y dar visibilidad a los objetivos comunes y como así también a las acciones diferentes y complementarias que estructuran una propuesta.
- Sostener los objetivos, introducir modificaciones, seguir el desarrollo de cada uno de los talleres; de las acciones con las escuelas; dar cuenta y convocar permanentemente a todos los integrantes del equipo a "revisar" el proyecto.
- Gestionar, hacer el seguimiento y la evaluación del Proyecto CAJ.
- Generar diferentes espacios para el "encuentro entre generaciones"; buscando fortalecer los lazos entre niños, jóvenes, adultos, abuelos; promover procesos que pongan en juego la transmisión cultural.
- Reconocer los diferentes saberes y valores culturales; alentar el intercambio promover espacios de encuentro social y cultural para las familias.
- Motivar la participación de la comunidad educativa en el CAJ y en la escuela.
- Realizar todos los procesos administrativos y rendiciones contables que supone el funcionamiento del CAJ.
- Planificar y ejecutar el Fondo Escolar, junto al Director.
- Estará comprometido a desempeñar su trabajo dedicando 12 hs. reloj semanales al desarrollo del proyecto con los jóvenes; tareas de planificación y evaluación con los demás integrantes del equipo institucional; cumplimiento de los estados administrativos, compras, pedido de presupuestos, vinculación con otras instituciones locales que participen del proyecto, articulación de acciones con la institución, etc.

- Talleristas

Son docentes o idóneos que tienen a su cargo la realización de talleres y actividades de las orientaciones temáticas durante el funcionamiento del CAJ.

Perfil:

1- Estar comprometido con la inclusión social y educativa de los jóvenes de su comunidad.
2- Implicar la actividad de su taller (ya sea expresiva, recreativa, deportiva, artística, científica, comunicacional, ambiental) en el marco de la ampliación de las trayectorias educativas de los jóvenes, y el grado de incidencia que la misma tendrá sobre las trayectorias escolares.
3- Tener disponibilidad y compromiso para el trabajo en equipo, la construcción colectiva de proyectos de trabajo y la reflexión sobre sus propias prácticas.
4- Tener un buen manejo de las relaciones interpersonales, generando vínculos de confianza con los jóvenes, sus colegas del equipo institucional, los directivos, las familias y la comunidad.

Tendrá que consustanciarse con los propósitos y objetivos del proyecto, desempeñando las siguientes tareas y funciones:

- Participar activamente con el equipo institucional en el diseño e implementación del Proyecto Educativo.
- Planificar e implementar propuestas significativas en su área.
- Participar activamente en las evaluaciones semanales a realizarse al finalizar la jornada de trabajo y colaborar en la elaboración de los informes trimestrales y el informe final.

Opciones de incorporación

Cada escuela define las distintas opciones combinatorias en función de las necesidades que demande el desarrollo del proyecto CAJ. Las mismas se pueden realizar mensualmente, siempre ponderando las necesidades de implementación de las orientaciones de los proyectos CAJ.

Equipo de gestión

El Equipo de Gestión (EG) se constituye en cada escuela sede CAJ por el Coordinador CAJ – quienes coordinan y promueven este espacio, el director del establecimiento y representación de profesores, preceptores, tutores, talleristas y jóvenes. El EG es una instancia clave para la elaboración conjunta entre adultos y jóvenes, y para la toma de decisiones sobre las actividades a desarrollar en cuanto a la definición de las propuestas, la difusión y la implementación.

El rol de Coordinador es fundamental ya que es él quien evalúa en qué asuntos y de qué modo es importante y posible que los jóvenes participen, y en qué cuestiones y por qué motivos muchas veces las decisiones deben quedar en manos de los adultos. Se destaca la importancia de que los jóvenes que integran el EG lo hacen en calidad de representantes de sus compañeros, aunque los criterios pueden cambiar de acuerdo a lo que se considere permitente en cada contexto.

Constitución del Equipo Institucional de los CAJ

La designación de las personas que conforman los equipos de los CAJ se realiza en el marco de los mecanismos legales que cada jurisdicción tenga vigente. En todos los casos se respetan los perfiles que el Proyecto exige para que quienes asuman responsabilidades en el mismo, garanticen el cumplimiento de los objetivos. El Coordinador del CAJ es elegido en acuerdo entre el director de la escuela, el supervisor escolar y el responsable del Proyecto CAJ en la jurisdicción.

El equipo institucional del CAJ como así también el Proyecto Educativo es avalado por el director de la escuela, el supervisor escolar y el responsable del proyecto CAJ en la jurisdicción. El Referente de Políticas Socioeducativas de la jurisdicción junto con el Director del Nivel lleva adelante la supervisión general del Proyecto CAJ. Cada CAJ debe contar con un equipo que pueda garantizar el cumplimiento de los objetivos planteados.

Sobre los informes de avance

La evaluación es una instancia sustantiva para el Proyecto CAJ que se relaciona también con la transferencia del Fondo Escolar, puesto que los mismos tienen una finalidad de la que es necesario dar cuenta pública, debido a que son Fondos Públicos los que están comprometidos. En este marco, cabe destacar que la presentación del Informe Técnico de Evaluación por parte de la jurisdicción junto con el Resumen Provincial de la Rendición del Fondo Escolar, constituye la documentación requerida para liberar el dinero de la transferencia del Fondo correspondiente al año siguiente. Estos Informes son presentados por el/la Coordinador/a Institucional en los tiempos y formas estipulados, a las respectivas Coordinaciones Jurisdiccionales, estando a disposición de las autoridades nacionales toda vez que sean solicitados.

ANEXO II

El proyecto de Pasantías de Aprendizaje-Servicio del CUP de la UNPSJB[1]

Laura Maza

Las actividades de Pasantías de Aprendizaje-Servicio que se desarrollan como proyecto de cátedra del Taller Integrador III –de la Modalidad de Humanidades y Ciencias Sociales del CUP de la Universidad Nacional de la Patagonia San Juan Bosco– son el resultado de un extenso proceso de trabajo, análisis y reflexión por parte de docentes y directivos en torno a la problematización de los contextos sociales en los que se insertan los jóvenes en la ciudad de Comodoro Rivadavia, vinculados a las condiciones de ejercicio de la ciudadanía.

El origen y el posterior rumbo que fue tomando el proyecto deben ser interpretados a la luz del devenir socioeconómico y político que transita el país, y a sus efectos en el escenario local desde principios de siglo.

Este proyecto comenzó en el año 2001, un momento fuertemente signado por la crisis económica y la alta tasa de desempleo en el país. En ese contexto, el proyecto comenzó siendo "Pasantías convencionales no rentadas", las cuales tuvieron como objeto acercar a los jóvenes al mercado laboral local. En este sentido, se constituyeron en una forma de contratación temporaria en distintas organizaciones o instituciones, mediante las cuales los estudiantes podían acceder y acreditar una experiencia laboral. Inmediatamente se observó que las pasantías terminaban

---

1. Este documento es una síntesis de la ponencia de Aguiño, L., Ñancufil, A., Perea, I., Juliaso, D. y Manso, R. (2013) "La intervención comunitaria como eje de la educación en valores", presentada en las Jornadas de Reflexión y Difusión para Docentes del CUP: Repensando saberes y Prácticas en 30 años de CUP. CUP. Secretaría Académica. Universidad Nacional de la Patagonia San Juan Bosco, Comodoro Rivadavia.

siendo principalmente una forma de mano de obra barata, casi sin obligaciones por parte del empleador, siendo que la universidad se hacía cargo del traslado y del seguro de cada pasante.

En el año 2004 se observó la necesidad de prestar atención a la orientación vocacional de los estudiantes. Las pasantías debían incorporar las orientaciones e intereses de los jóvenes, buscando asimismo articularse con las futuras carreras a seguir en los estudios superiores. En esta etapa, se incorporó el Gabinete psicopedagógico del Colegio, para que asistiera en la organización sistemática de las actividades tendientes a superar instancias de indefinición, de autoconocimiento y de elección de carreras futuras. Por otra parte, las instituciones y organizaciones eran elegidas teniendo en cuenta su disposición a colaborar en la formación de los estudiantes, antes que por su interés en incorporarlos a tareas rutinarias. Para ello, entre otras cosas, debían elaborar un informe dando cuenta del desempeño del pasante. También el pasante elaboraba un informe de todo el proceso, según pautas dadas desde la asignatura.

Recuperando este proceso, y centrado el mismo en el rol protagónico del estudiante, en 2007 se implementa la "Pasantía Aprendizaje-Servicio", desmitificando cuestiones teóricas respecto del trabajo como mercancía, suponiendo además la sensibilización acerca del contexto social, sus problemáticas emergentes, y la capacidad de generar propuestas alternativas de superación.

La Pasantía Aprendizaje-Servicio supone la articulación con organizaciones comunitarias, gubernamentales, ONGs, empresas e individuos con iniciativas y compromiso social y se concreta a partir de proyectos de intervención comunitaria que atienden a necesidades reales de la comunidad y producen aprendizajes significativos en los estudiantes participantes.

En el año 2008, en el contexto del trabajo de adecuación institucional a la nueva normativa, surgió la necesidad de consolidar esta experiencia, fundándola en el marco de las prácticas de intervención comunitaria asociada a espacios curriculares específicos, como los Talleres integradores. De esta manera, la intervención comunitaria constituye una instancia valiosa de aprendizaje, pues permite la adquisición de nuevos contenidos y requiere por parte del estudiante un rol activo como protagonista de su propio proceso de aprendizaje, dado que tiene que elaborar e implementar un proyecto que se inicia con el diagnóstico de su entorno y las necesidades reales que son sentidas por una comunidad, la cual recibe e intercambia con él una experiencia en donde ambas partes salen enriquecidas.

Con el proceso de reforma del Plan de Estudios en el ciclo 2009, se retomaron los postulados de la Educación Solidaria como ejes transversales para los espacios curriculares del Ciclo Básico, y se adoptaron como ejes de los Talleres Integradores del Ciclo Superior, el itinerario de los Proyectos de Aprendizaje-Servicio.

Como corolario de este camino andado, las autoridades del Programa Nacional de Educación Solidaria adoptaron como referencia esta experiencia, constituyéndose el CUP en el primer colegio preuniversitario que ha incorporado en su currículo contenidos de este campo. En este contexto, el equipo docente fue convocado a divulgar la experiencia en distintas instancias de capacitación –como Agentes Multiplicadores del Programa– a nivel provincial y nacional. En ese mismo año, el Colegio obtuvo una mención especial del Premio Presidencial, integrando la Red Nacional de Escuelas Solidarias.

El proyecto de Pasantías Aprendizaje-Servicio requiere del *trabajo interdisciplinario*, en tanto posibilita un abordaje complejo del objeto de estudio que favorece una mayor integralidad en las tareas inherentes a la planificación e implementación de la propuesta. En este sentido, se observa que los contenidos y las estrategias requieren de una revisión permanente, dando pie a instancias de debates enriquecedores, a la revisión de las propias prácticas, y a aportes desde cada una de las disciplinas intervinientes, como parte del proceso necesario para la construcción de proyectos de cátedra altamente innovadores.

También requiere de un abordaje de la *heterogeneidad*, desde la necesidad de respetar lo más fielmente las características diversas de la realidad circundante, de aprender a valorar la potencialidad del trabajo que permite el tratamiento de situaciones complejas, que demandan una postura crítica para poder generar propuestas alternativas de cambio respecto a las realidades que no favorecen el desarrollo integral de los individuos.

Así entendida, la *intervención comunitaria* se presenta como una alternativa valiosa para que los estudiantes y docentes sean agentes transformadores de la realidad, se interesen y comprometan con las problemáticas sociales, permitiendo asimismo la articulación entre escuela y comunidad.

De esta manera, la Pasantía de Aprendizaje-Servicio también se propone articular el sistema educativo con las iniciativas de distintas instituciones y organizaciones comunitarias formales y no formales, ONGs, empresas e individuos orientados a mejorar la calidad educativa y a comprometerse con verdaderos cambios sociales. Permite involucrar al conjunto de la comunidad educativa, generar consensos, optimizar el manejo de recursos, tiempos y espacios. En definitiva, contribuyen a dar forma a la cultura institucional.

Ciertamente, su sostenimiento requiere de la iniciativa y del fuerte compromiso del equipo docente, de su capacidad de transmisión al grupo de estudiantes y de su habilidad para viabilizar la implementación de los proyectos. Esta transmisión se dirige no sólo a formar académicamente a los alumnos, sino fundamentalmente a despertar en ellos una sensibilidad social, a partir de la cual se pueden diagnosticar situaciones sociales susceptibles de ser intervenidas.

De esta manera, la experiencia del Aprendizaje-Servicio presenta una doble finalidad: por un lado, tiene una intencionalidad pedagógica relativa al trabajo como vocación y como espacio de formación profesional, y por otro lado, tiene la intencionalidad social de tender hacia la participación ciudadana.

El espacio áulico de los talleres promueve en los jóvenes un clima de mayor distensión y dinamismo respecto a la formalidad exigida en los espacios curriculares convencionales, sin embargo, se pone el acento en el trabajo de análisis y reflexión de los diversos mecanismos para la auto organización grupal, para luego adentrarse en la comprensión del Aprendizaje y el Servicio como práctica integradora y constitutiva.

Como práctica educativa, resulta valiosa para el desarrollo intelectual y social de los estudiantes en etapa de formación, en tanto busca problematizar una realidad que se muestra individualizante e inmediata, y que soslaya o desconoce su coexistencia con otras realidades caracterizadas por múltiples formas de injusticia social. En este sentido, las autoridades del CUP advierten, con gran entusiasmo: "*Si nuestro trabajo como escuela puede ayudar a avanzar en este sentido, ya habrá sido un gran logro*".

BIBLIOGRAFÍA

Aguiño, L., Ñancufil, A., Perea, I., Juliaso, D. y Manso, R. (2013). *La intervención comunitaria como eje de la educación en valores*. Ponencia presentada en las Jornadas de Reflexión y Difusión para Docentes del CUP: Repensando saberes y Prácticas en 30 años de CUP. Colegio Universitario Patagónico, Secretaría Académica, Universidad Nacional de la Patagonia San Juan Bosco, Comodoro Rivadavia.

Angulo Rasco, J. y Blanco, N. (1994). *Teoría y desarrollo del curriculum*. Málaga: Aljibe.

Apple, M. (1996). *El conocimiento oficial*. Buenos Aires: Paidós.

Arias Bucciarelli, M. (2009). *La Patagonia argentina como Territorio Nacional: Perspectivas de análisis*, Octavo Congreso de Historia Social y Política de la Patagonia Argentino-Chilena, Chubut, pp. 9-10. Recuperado de http://historiapolitica.com/datos/biblioteca/ariasb2.pdf

Ardiles M., Barsce, C. y Paulín, H. (1999). Reflexiones sobre un proceso de intervención. Un intento de traducir las voces de los actores. *Ensayos y experiencias: Revista de Psicología en el campo de la educación*, *27*, 11-16.

Arfuch, L. (2005). *Identidades, sujetos y subjetividades*. Buenos Aires: Prometeo.

Argentina. Ministerio de Educación, Ciencia y Tecnología (s.f.). Educar para la convivencia: experiencias en la escuela. Buenos Aires. Recuperado de http://www.me.gov.ar/construccion/pdf_observatorio/educar.pdf

Argentina. Ministerio de Educación de la Nación. Programa Nacional de Extensión Educativa –PNEE– (2010). Centros de Actividades Juveniles. Lineamientos Generales. Recuperado de http://repositorio.educacion.gov.ar:8080/dspace/bitstream/handle/123456789/109834/Instructivo%20pedago%CC%81gicoCAJ.pdf?sequence=1

Argentina, Ministerio de Educación de la Nación. Presidencia de la Nación (2012). Itinerario y Herramientas para desarrollar un proyecto de aprendizaje-servicio. Recuperado de http://www.me.gov.ar/edusol/archivos/2012_itinerario.pdf

Ayuste, A. *et al.* (coord.) (2006). *Educación, ciudadanía y democracia*. Barcelona: Octaedro-OEI.

Barros, S. (2010). Identidades populares y relación pedagógica. Una aproximación a sus similaridades estructurales. *Revista Propuesta Educativa*, *2*(34), 87-96.

Batallán, G. (2004). El poder y la construcción de la identidad laboral de los docentes de infancia: Limitaciones de la teoría para pensar la transformación escolar. [versión electrónica] *Cuadernos de Antropología Social*, *19*, 63-81.

Batallán, G. y Campanini, S. (2008). La participación política de niñ@s y -jóvenes-adolescentes: Contribución al debate sobre la democratización de la escuela. [versión electrónica] *Cuadernos de Antropología Social*, *28*, 85-106.

Bauman, Z. (2006). *Modernidad líquida.* Buenos Aires: Fondo de Cultura Económica.

Benhabib, S. (1985). *The utopic dimension in communicative ethics.* Recuperado de http://www.yale.edu/polisci/sbenhabib/papers/The%20Utopian%20Dimension%20in%20Communicative%20Ethics.pdf

Bernstein, B. (1989). *Clases, códigos y control.* Madrid: Akal.

Bernstein, B. (1997). *La estructura del discurso pedagógico.* Morata: Madrid.

Beyer, L. y Liston, D. (2001). *El curriculum en conflicto.* Madrid: Akal.

Bolívar, A. (2003). *El curriculum escolar: dilemas actuales y líneas de cambio futuras.* Recuperado de http://redes-epalcala.org/inspector/DOCUMENTOS%20Y%20LIBROS/DIDACTICA-CURRICULO/CURRÍCULUM%20ESCOLAR%20Y%20CAMBIO.pdf

Bourdieu, P. (1990). La juventud no es más que una palabra (pp. 163-173). En P. Bourdieu, *Sociología y cultura*. México, Grijalbo/CNCA.

Bourdieu, P. (2011). *Cuestiones de sociología.* Madrid: Ediciones Akal/ Istmo.

Bronckart, J. P. (2007). *Desarrollo del lenguaje y didáctica de las lenguas.* Buenos Aires: Miño y Dávila editores.

Bruner, J. (1997). *La educación, puerta de la cultura.* Madrid: Visor.

Buenfil Burgos, R. (1993). *Análisis del discurso y educación*, Departamento de Investigaciones Educativas, Centro de Investigación y de Estudios Avanzados del Instituto Politécnico Nacional. México, Documento DIE 26, pp. 7-8. Recuperado de http://www.die.cinvestav.mx/Portals/0/SiteDocs/Investigadores/RBuenfil/Articulos/AnalisisDeDiscursoYEducacion.pdf

Butler, J., Laclau, E. y Žižek, S. (2004). *Contingencia, hegemonía, universalidad: Diálogos contemporáneos en la izquierda.* Buenos Aires: Fondo de Cultura Económica.

Castells, M. (1997). *Local y global: La gestión de las ciudades en la era de la información.* Madrid: Taurus.

Cataño, M. C. y Wanger, E. (2002). ¿Es posible imaginar una escuela para todos? Acerca de la difícil relación entre las políticas públicas, la escuela y la promoción del protagonismo juvenil. *Revista Ensayos y Experiencias. Educación, ciudadanía y participación*, *44*, 17-22.

Clarke, P. (1999). *Ser ciudadano.* Madrid: Ediciones Sequitur.

Coicaud, S. (2004). Diferentes criterios para el análisis del curriculum por disciplinas académicas. *Revista del Instituto de Educación, Lenguaje y Sociedad, I*(1), 49-66.

Coicaud, S., Falón, L., Vidoz, S., Belcastro, J., Coicaud, A., Maza, M.L. y Saracho, E. (2013). *Proyectos Innovadores de Enseñanza de la Ciudadanía Democrática en escuelas secundarias de Comodoro Rivadavia.* (Informe Final de Investigación inédito) PI N° 749. Res. C.S. N° 039/09. Disposición SCYT N° 006/09. Facultad de Humanidades y Ciencias Sociales, Universidad Nacional de la Patagonia San Juan Bosco, Comodoro Rivadavia.

Conrad, C. (1979). *The undergraduate curriculum: a guide to innovation and reform.* Colorado: Westview Press, Lincoln Center.

Concejo Deliberante de Comodoro Rivadavia. (2009). Extensión. Recuperado de http://www.concejocomodoro.gov.ar/archivos/20090806.htm

Concejo Deliberante de Comodoro Rivadavia. (2009). Sesión especial de estudiantes, enmarcados en el Programa de Extensión Legislativa. Recuperado de http://www.concejocomodoro.gov.ar/archivos/20091005.htm

Contreras Domingo, J. (1990). *Enseñanza, curriculum y profesorado*. Madrid: Akal.

Corea, C. y Lewkowicz, I. (2010). *Pedagogía del aburrido: Escuelas destituidas, familias perplejas*. Buenos Aires: Paidós.

Cornú, L. (1999). La confianza en las relaciones pedagógicas. En G. Frigerio, M. Poggi y D. Korinfeld (comps.), *Construyendo un saber sobre el interior de la escuela*. Buenos Aires: Centro de Estudios Multidisciplinarios y Ediciones Novedades Educativas.

Cullen, C. (1997). *Críticas de las razones de educar: Temas de filosofía de la educación*. Buenos Aires: Paidós.

Cullen, C. (2004). *Perfiles éticos-políticos de la educación*. Buenos Aires: Paidós.

Cullen, C. (2004). *Autonomía moral, participación democrática y cuidado del otro*. Buenos Aires: Novedades Educativas.

Da Silva, T. T. (2001). *Espacios de identidad. Nuevas visiones del curriculum*. Madrid: Octaedro.

De Alba, A. (2007). Curriculum complejo. Reconstruyendo la crisis: la complejidad de pensar y actual en su contexto. En R. Angulo y B. Orozco, *Curriculum y siglo XXI: Alternativas metodológicas de intervención curricular en la educación superior*. México: Plaza y Valdés.

De Alba, A. (2007). *Curriculum-Sociedad: El peso de la incertidumbre, la fuerza de la imaginación*. México: IISUE. UNAM.

Di Tella, T. (1999). *Historia social de la Argentina contemporánea*. Brasil: Troquel.

Díaz Barriga, A. (2003). Curriculum. Tensiones conceptuales y prácticas. *Revista Electrónica de Investigación y Educativa*, 5 (2). Recuperado de http://redie.uabc.mx/vol5no2/contenido-diazbarriga.html

Díaz de Rada, A. (2003). Las edades del delito. *Revista de Antropología Social*, 12, 261-286.

Díaz, R. (2001). *Trabajo docente y diferencia cultural: Lecturas antropológicas para una identidad desafiada*. Buenos Aires: Miño y Dávila editores.

Díaz Villa, M. (2007). Reforma curricular: elementos para el estudio de sus tensiones. En R. Angulo y B. Orozco (coords.) *Curriculum y siglo XXI. Alternativas metodológicas de intervención curricular en la educación superior*. México: Plaza y Valdés.

Dosse, F. (1988). *La historia en migajas: De "Annales" a la "nueva historia"*. Valencia: Edicions Alfons el Magnànim Institució Valenciana déstudis i investigación.

Dreeben, R. (1989). El curriculum no escrito y su relación con los valores. En J. Gimeno Sacristán, *La enseñanza: su teoría y su práctica*. Madrid: Akal.

Duschatzky, S. (1996). De la diversidad en la escuela a la escuela de la diversidad. *Revista Propuesta Educativa*, 7(15), 45-49.

Elbaum, J. (2006). *Pensar las culturas juveniles*. Dirección Nacional de Gestión Curricular y Formación Docente. Ministerio de Educación, Ciencia y Tecnología. Recuperado de http://repositorio.educacion.gov.ar/dspace/bitstream/handle/123456789/89917/EL000781.pdf?sequence=1

Etchegoyen, M. (2006). *Educación y ciudadanía: La búsqueda del buen sentido en el sentido común*. (2° Ed.). Buenos Aires: Stella/La Crujía.

Falconi, O. (2004). Las silenciadas batallas juveniles. ¿Quién está marcando el rumbo de la escuela media hoy? *Kairos, Revista de Ciencias Sociales*, *8* (14). Recuperado de: http://educacionpolimodal.santacruz.gov.ar/documentos/cultura%20escolar%20culturas%20juveniles-Falconi.pdf

Favaro, O. y Arias Bucciarrelli, M. (1995). El lento y contradictorio proceso de inclusión de los habitantes de los territorios nacionales a la ciudadanía política. Un clivaje en los años '30. *Entrepasados. Revista de Historia*, *V*(9), 9.

Feixa, C. (1998). *El reloj de arena: Culturas juveniles en México*. México: Causa Joven.

Foucault, M. (1992). *La microfísica del poder*. Madrid: La Piqueta.

Foucault, M. (1994). La ética del cuidado de sí como práctica de la libertad. Diálogo con Becker H., Fornet-Betancourt R. y Gomez-Müller A. (1984). *Ditsetécrits (1954-1988). t. N (1980-1988)*. Gallimard. París. Recuperado de ww.revistas.unc.edu.ar/index.php/NOMBRES/article/.../1217

Foucault, M. (2008). *Las palabras y las cosas: Una arqueología de las ciencias humanas*. Buenos Aires: Siglo XXI.

Freire, P. (1985). *La educación como práctica de la libertad*. Buenos Aires: Siglo XXI.

Freire, P. (1985). *Pedagogía del oprimido*. Buenos Aires: Siglo XXI.

Freire, P. (1996). *Política y educación*. Buenos Aires: Siglo XXI.

Freire, P. (2005). *Pedagogía de la esperanza*. Buenos Aires: Siglo XXI.

Freire, P. (2008). *Pedagogía de la autonomía*. Buenos Aires: Siglo XXI.

Frigerio, G. (2002). Las instituciones del conocer y la cuestión del tiempo (ensayo). *Revista Ensayos y Experiencias. Educación, ciudadanía y participación*, *44*, 5-17.

Frigerio, G. (2004a). Los avatares de la transmisión (pp. 11-25). En G. Frigerio y G. Diker (comps.) *La transmisión en las sociedades, las instituciones y los sujetos: Un concepto de la educación en acción*. Buenos Aires: Novedades Educativas.

Frigerio, G. (2004b). Transmisión e institución del sujeto. Transmisión, sucesión, finitud (pp. 27-37). En G. Frigerio y G. Diker (comps.) *La transmisión en las sociedades, las instituciones y los sujetos: Un concepto de la educación en acción*. Buenos Aires: Novedades Educativas.

Frigerio, G. (2004c). Entrevista: De la gestión al gobierno de lo escolar. *Revista Novedades Educativas*, *159*, 6-9.

Gadotti, M., Gomez, M.V., Mafra, J. y Fernández de Alentar, A. (comps.) (2007). *Paulo Freire. Contribuciones para la pedagogía*. Buenos Aires: Clacso Libros.

Gago, V. y Sztulwark, D. (2011). Lo que quisiéramos preguntar a Rancière (pp. 211-230). En M. Simons, J. Masschelein y J. Larrosa (eds.), *Jacques Rancière: La educación pública y la domesticación de la democracia*. Buenos Aires: Miño y Dávila editores.

García Moreno, M. (1995). *Ciudadanía, participación, y derechos civiles y políticos de los jóvenes y adolescentes en Iberoamérica*. Recuperado de http://www.uasb.edu.ec/padh/revista14/articulos/mauricio%20garcia.htm

Geertz, C. (1992). *La interpretación de las culturas*. Barcelona: Gedisa.

Giddens, A. (2004). *Conciencia, propioser y encuentros sociales*. Recuperado de http://www.comminit.com/red-salud/node/149700

Giddens, A. (2005). *La constitución de la sociedad. Bases para la teoría de la estructuración*. Buenos Aires: Amorrortu.

Giroux, H. (1990). *Los profesores como intelectuales*. Buenos Aires: Paidós.

Giroux, H. (1997). *Cruzando límites: Trabajadores culturales y políticas educativas*. Buenos Aires: Paidós.

Giroux, H. (2006). *La escuela y la lucha por la ciudadanía*. Buenos Aires: Siglo XXI.

Goodson, I. (2003). *Estudio del curriculum*. Buenos Aires: Amorrortu.

Gramsci, A. (1972). *Notas sobre Maquiavelo, sobre la política y el Estado moderno*. Buenos Aires: Nueva Visión.

Greco, M. B. (2007). *La autoridad (pedagógica) en cuestión: Una crítica al concepto de autoridad en tiempos de transformación*. Rosario: Homo Sapiens.

Grundy, S. (1991). *Producto o praxis del curriculum*. Madrid: Morata.

Gutman, S. y Siede, I. (1996). *Educación General Básica primer ciclo: actualización curricular formación ética y ciudadana*. Documentos de Trabajo. Municipalidad de la ciudad de Buenos Aires. Recuperado de http://www.bnm.me.gov.ar/giga1/documentos/EL002371.pdf

Hall, S. y Dugay, P. (2003). *Cuestiones de identidad cultural*. Buenos Aires: Amorrortu.

Halperín Donghi, T. (2004). El resurgimiento de la historia política: problema y perspectivas. En B. Bragoni (ed.), *Microanálisis. Ensayos de historiografía argentina*. Buenos Aires: Prometeo.

Hassoun J. (1998). *Los contrabandistas de la memoria*. Barcelona: Ediciones de la Flor.

Hopenhayn, M. (2007). *Inclusión y exclusión social en la juventud latinoamericana*, Chile. CEPAL, 51-69. Recuperado de http://www.pensamientoiberoamericano.org/xnumeros/3/pdf/pensamientoIberoamericano-77.pdf

Hormigos, J. y Cabello, A. (2004). *La construcción de la identidad juvenil a través de la música*. Universidad Rey Juan Carlos. Recuperado de http://www.insumisos.com/lecturasinsumisas/Construccion%20de%20la%20identidad%20juvenil%20%20y%20la%20musica.pdf

House, E. (1988). Tres perspectivas de la innovación: tecnológica, política y cultural. *Revista de Educación*, mayo-agosto de 1988, 286.

Imbernón, F. (1996). *En busca del discurso educativo: La escuela, la innovación educativa, el curriculum, el maestro y su formación*. Buenos Aires: Magisterio del Río de la Plata.

Jackson, P. (1994). *La vida en las aulas*. Madrid: Morata.

Jelin, E. (1993). ¿Cómo construir ciudadanía? Una visión desde abajo. *Revista Europea de Estudios Latinoamericanos y del Caribe*, 55, 25.

Jelin, E. (1996). La construcción de la ciudadanía: entre la solidaridad y la responsabilidad. En E. Jelin y E. Hershberg (comps.), *Construir la democracia: derechos humanos, ciudadanía y sociedad en América Latina*. Caracas: Nueva Sociedad.

Jeffs, T. y Smith, M. K. (2001). Social exclusion, joined up thinking and individualization–new labour"s connexions strategy. En *The encyclopedia of informal education*. Recuperado de http://www.infed.org/personaladvisers/connexions_strategy.htm

Kundt, I. (2011). *Habitar y hacer escuela*. Comodoro Rivadavia: Vela al viento. Ediciones Patagónicas.

Laclau, E. (1996). *Emancipación y diferencia*. Buenos Aires: Ariel.

Laclau, E. (2008). *Debates y combates: Por un nuevo horizonte de la política*. Buenos Aires: Fondo de Cultura Económica.

Laclau, E. y Mouffe, C. (2004). *Hegemonía y estrategia socialista: Hacia una radicalización de la democracia.* Buenos Aires: Fondo de Cultura Económica.

Laclau, E., Mouffe, C., Torfing, J. y Žižek, S. (2004). *Debates políticos contemporáneos: En los márgenes de la modernidad,* México: Plaza y Valdés.

Larrosa, J. (2006). Sobre la experiencia. *Revista Aloma.* Filosofía de l'educació, *19*, 87-112.

Lefrebve, H. (1974). La producción del espacio. *Revista de Sociología, 3,* 219-229. Recuperado de http://es.scribd.com/doc/42958839/La-Produccion-Del-Espacio-Henri-Lefebvre-Capitulos-1-y-2-Resumen-Rob-Shields

Levi, G. y Schmitt, J.C. (dir.) (1996). *Historia de los jóvenes I. De la antigüedad a la edad moderno.* Madrid: Taurus.

Leyes Nacionales. Anuario Kraft. En Gran guía general de la República. T. I. Buenos Aires. (1928)

Libedinsky, M. (2001). *La innovación en la enseñanza: Diseño y documentación de experiencias en el aula.* Buenos Aires: Paidós.

Litwin, E. (1997). *Las configuraciones didácticas. Una nueva agenda para la enseñanza superior.* Buenos Aires: Paidós.

Litwin, E. (2007). *El oficio de enseñar.* Buenos Aires: Paidós.

Los concejales por un día, con una de las sesiones más ricas del año. (2009, 6 de setiembre). *Diario digital El Patagónico Net.* Recuperado de http://www.elpatagonico.net/nota/59055/

Magendzo, A. (2010). *Transversalidad y curriculum.* Santiago: Magisterio.

Marchart, O. (2009). *El pensamiento político posfundacional: La diferencia política en Nancy, Lefort, Badiou y Laclau.* Buenos Aires: Fondo de Cultura Económica.

Marques, D. (2003). La intervención del Estado en los procesos de construcción de las identidades socioculturales en la Patagonia Austral: Aportes para un debate. *Revista Espacios, IX* (26), 182-213.

Marques, D. (2007). *Construyendo símbolos e "inventando" tradiciones: La formalización de las identidades provinciales en Chubut y Santa Cruz en la segunda mitad del siglo XX.* Decimoprimeras Jornadas Interescuelas/Departamentos de Historia. Universidad Nacional de Tucumán.

Marx, C. y Engels, F. (1974). *La ideología alemana.* Barcelona: Grijalbo.

Meirieu, P. (1998). *Frankenstein Educador.* Barcelona: Laertes educación.

Meirieu, P. (2010). *Carta a un joven profesor.* Barcelona: Graó.

Milstein, D. (2009). *La nación en la escuela: Viejas y nuevas tensiones políticas.* Buenos Aires: Miño y Dávila/IDES.

Morales, M. (2009). (comp.). *Educación No Formal. Aportes para la elaboración de propuestas de políticas educativas.* Ministerio de Educación y Cultura. Dirección de Educación. UNESCO. Montevideo. Recuperado de http://www.unesco.org.uy/ci/fileadmin/educacion/Publicaciones%20JFIT%202009/EducNoFormal.PDF

Mouffe, C. (1999). *El retorno de lo político.* Barcelona: Paidós.

Nicastro, S. (2006). *Revisitar la mirada sobre la escuela.* Buenos Aires: Homo Sapiens.

Nuñez, V. (1999). *Pedagogía social: cartas para navegar en el nuevo milenio.* Buenos Aires: Santillana.

O'Donnell, G. (2010). *Democracia, agencia y estado: Teoría con intención comparativa.* Buenos Aires: Prometeo Libros.

Rancière, J. (2004). Sur le maitreignorant. *Revista Multitudes*. Recuperado de http://multitudes.samizdat.net/article.php3id_article-1714

Rancière, J. (2007). *El maestro ignorante: Cinco lecciones sobre la emancipación intelectual*. Buenos Aires: Libros del Zorzal.

Rancière, J. (2007). *El desacuerdo: Política y Filosofía*. Buenos Aires: Nueva Visión.

Reguillo Cruz, R. (2005). *Emergencia de culturas juveniles: Estrategias del desencanto*. Bogotá: Grupo Editorial Norma.

Reguillo Cruz, R. (2011, 3 de marzo). Los jóvenes creen en el dios Hoy por sobre todas las cosas. *Revista de Cultura Ñ. Clarín.com*, Buenos Aires. Recuperado de http://www.revistaenie.clarin.com/ideas/ejercito-desesperanzados-Rossana-Reguillo_0_434356570.html

Rockwell, E. (1996). La dinámica cultural en la escuela (pp. 21-38). En A. Álvarez (edit.), *Hacia un curriculum cultural: la vigencia de Vygotski en la educación*. Madrid: Fundación Infancia y Aprendizaje.

Romero, C. (coord.) (2010). *La escuela secundaria, entre el grito y el silencio. Las voces de los actores*. Buenos aires: Noveduc. Colección Ensayos y Experiencias.

Rosenthal, R. y Jacobson, L. (1980). *Pygamlion en la escuela*. Madrid: Marova.

Sarlo, B. (1997). *Escenas de la vida posmoderna*. Buenos Aires: Ariel.

Schlemenson, S. (2005). *Subjetividad y lenguaje en la clínica psicopedagógica: Voces presentes y pasadas*. Buenos Aires: Paidós.

Schutz, A. (1995). *El problema de la realidad social*. Buenos Aires: Amorrortu.

Siede, I. (2007). *La educación política. Ensayos sobre ética y ciudadanía en la escuela*. Buenos Aires: Paidós.

Siede, I. y Schjuman, G. (comp.) (2007). *Ciudadanía para armar*. Buenos Aires: Aique.

Simons, M. y Masschelein, J. (2011). Subjetivación gubernamental, política y pedagógica. Foucault con Rancière. En M. Simons, J. Masschelein y J. Larrosa (eds.), *Jaques Rancière: La educación pública y la domesticación de la democracia*. Buenos Aires: Miño y Dávila.

Southwell, M. (comp.) (2012). *Entre generaciones: Exploraciones sobre cultura, educación e instituciones*. Buenos Aires: Homo Sapiens. FLACSO.

Stavrakakis, Y. (2007). *Lacan y lo político*. La Plata: Prometeo. Universidad Nacional de la Plata.

Stenhouse, L. (1987). *Investigación y desarrollo del curriculum*. Madrid: Morata.

Tamarit, J. (2004). *Educación, conciencia práctica y ciudadanía*. Buenos Aires: Miño y Dávila editores.

Tapia, M.N. (2001). *La solidaridad como pedagogía: El aprendizaje-servicio en la escuela*. Buenos Aires: Ciudad Nueva.

Touraine, A. (1998). *¿Podremos vivir juntos? La discusión pendiente: El destino del hombre en la aldea global*. Buenos Aires: Fondo de Cultura Económica.

Trilla Bernet, J. (1996a). *La educación fuera de la escuela: Ámbitos no formales y educación social*. Barcelona: Ariel.

Trilla Bernet, J. (1996b). Escuela tradicional. Pasado y presente. *Cuadernos de Pedagogía*, 253, 14-19.

UNICEF (2010). Educación secundaria: derecho, inclusión y desarrollo. Seminario internacional de Unicef. Buenos Aires. Recuperado de http://www.unicef.org/argentina/spanish/Educacion_Secundaria%281%29.pdf

Valderrama, C. (2007). *Ciudadanía y comunicación. Saberes, opiniones y haceres escolares*. Bogotá: Siglo del Hombre Editores. Universidad Central. IESCO.

Vila, A. y Biggiotti, G. (2000). *Educación, ciudadanía y Estado en la Argentina del siglo XX*. Buenos Aires: Biblos.

Wittgenstein, L. (1988). *Investigaciones filosóficas.* México: IIF. UNAM.

Ytarte, R. M. (2007). *¿Culturas contra ciudadanía? Modelos inestables en educación.* Barcelona: Gedisa.

Zuleta, M., Cubides, H. y Escobar, M.R. (eds.) (2007). *¿Uno solo o varios mundos?. Diferencia, subjetividad y conocimientos en las ciencias sociales contemporáneas*. Bogotá: Universidad Central y Siglo del Hombre.

La presente edición se terminó de imprimir en marzo de 2015,
en los talleres de Gráfica LAF s.r.l., ubicados en Monteagudo 741,
San Martín, Provincia de Buenos Aires, Argentina.

www.ingramcontent.com/pod-product-compliance
Lightning Source LLC
Chambersburg PA
CBHW020157090426
42734CB00008B/847